75

Primero sueño
y otros textos

Primero sueño
y otros textos

SOR JUANA INÉS DE LA CRUZ

Estudio preliminar de Susana Zanetti
Notas de Gabriela Mogillansky

Clásicos Losada
Primera edición: diciembre de 2004
© Editorial Losada, S. A., 1995
Moreno 3362 - 1209 Buenos Aires, Argentina
Viriato, 20 - 28010 Madrid, España
T +34 914 45 71 65
F +34 914 47 05 73
www.editoriallosada.com
Distribuido por Editorial Losada, S. L.
Calleja de los Huevos, 1, 2° izda. - 33003 Oviedo
Impreso en la Argentina
Tapa: Peter Tjebbes
Maquetación: Taller del Sur
Queda hecho el depósito que marca la ley 11.723
Libro de edición argentina
Tirada: 3.000 ejemplares

Juana Inés de la Cruz, Sor
Primero sueño y otros textos / Sor Juana Inés de la Cruz;
con prólogo de Susana Zanetti. - 1ª ed. 2ª reimp. - Buenos
Aires: Losada, 2004. 320 p.; 18 x 12 cm. (Biblioteca
Clásica y Contemporánea. Clásicos Losada; 583)

ISBN 950-03-0626-3

1. Literatura Mexicana-Narrativa 2. Literatura Mexicana.
- Poesía. I. Zanetti, Susana, prolog. II. Título
CDD M860

Índice

Estudio preliminar, de *Susana Zanetti* ... 9
    La nave ... 9
    Poesía lírica ... 26
    Primero sueño ... 41
    La *Respuesta* ... 51
Bibliografía ... 59
Criterio de esta edición ... 64

  I. Poesía lírica ... 65
 II. Primero sueño ... 165
    Prosificación ... 198
III. Respuesta a sor Filotea ... 229
    Respuesta de la poetisa a la muy
       ilustre sor Filotea de la Cruz ... 231
    Carta de sor Filotea de la Cruz ... 278
    Carta de Monterrey ... 283

Notas, de Gabriela Mogillansky ... 297
    Poesía lírica ... 297
    Primero sueño ... 311
    Respuesta... ... 314

Estudio preliminar

La nave

> Ésta es la nave que sin zozobras ha sabido hollar procelosas escilas siendo estímulo, al paso que confusión, a la heroicidad, cuantos aspiraron por su laurel: *Una mulier fecit confusionem*.

El elogio del epígrafe debido a fray Juan Silvestre,[1] incluido en el segundo volumen de las obras de sor Juana, confirma auspicioso una difícil y excepcional travesía vital, que por esos años se revierte dolorosamente: el derrotero de la nave por "procelosas escilas" culmina en derrota, luego de conflictos que, sin dudas, conocieron escasos momentos de sosiego.

Dos preguntas de sor Juana parecieran condensar los ejes encontrados de alabanza y coerción en que discurrió su vida, al tiempo que encubren su voluntad de dirigir el timón que la guía: "¿Qué mágicas infusiones/ de los Indios herbolarios/ de mi Patria, entre mis

---

[1] Tomo el epígrafe de la cita de Georgina Sabat de Rivers, "Editando a sor Juana" en Julio Ortega y José Amor y Vázquez, comps., *Conquista y contraconquista; La escritura del Nuevo Mundo*, México, El Colegio de México, 1994, p. 303. Ella la toma a su vez de las preliminares del Segundo volumen de las obras de sor Juana, editado en Sevilla en 1962.

letras/ el hechizo derramaron?"[2] y la del soneto "¿En perseguirme Mundo, qué interesas?". Este sujeto que se finge pasivo, sabe de los riesgos que la escritura causante del elogio engendra: "El discurso es un acero/ que sirve por ambos cabos:/ de dar muerte, por la punta,/ por el pomo, de resguardo".[3] Se valió de este resguardo para preservar el ejercicio de su vocación, a través de una tarea autorreflexiva continua sobre su escritura ("Nucturna, mas no funesta,/ de noche mi pluma escribe,")[4] que diseña una biografía intelectual única en el mundo hispanohablante del siglo XVII, en la cual ese sujeto femenino interviene en la lucha por el poder interpretativo, como bien analiza Jean Franco, adentrándose en los dominios públicos del discurso, mediante diversas estrategias, entre las que se destaca un sujeto de enunciación múltiple, cuya movilidad simbólica le posibilita cambiar de género, clase y raza. Los textos de sor Juana se enuncian desde voces neutras, masculinas o femeninas, y a veces, especialmente en los villancicos, negras o indias.

La fama de la dimensión intelectual y literaria de sor Juana, corroborada por las muchas ediciones

---

[2] Los versos son del romance "En reconocimiento a las inimitables Plumas de la Europa, que hicieron mayores sus Obras con sus elogios: que no se halló acabado". Cito por la edición de A. Méndez Plancarte, vol. 1, p. 160.

[3] Los versos son del poema titulado "Acusa la hidropesía de mucha ciencia, que teme inútil aun para saber, y nociva para vivir.", incluido en *Inundación Castálida* y en nuestra antología.

[4] La cita pertenece al romance titulado "No habiendo logrado una tarde ver al señor virrey, marqués de la Laguna, que asistió en las Vísperas del convento, le escribió este romance", de *Inundación Castálida*. Cito por la edición de Georgina Sabat de Rivers, p. 122.

de su obra en una época de difícil acceso a la publicación, convivió con presiones surgidas de su condición de mujer –y de monja–, que desembocaron en la renuncia al conocimiento y a la escritura, y seguramente aceleraron su muerte. Los avatares y cruces de los ejes señalados, dejan en la sombra referencias puntuales y detalles del proceso, pero desde los aportes pioneros de Dorothy Schons hasta el reciente hallazgo de la *Carta de Monterrey*,[5] se han desvanecido las interpretaciones demasiado divergentes sobre el mismo. Con "las plumas", "instrumentos de mi oficio",[6] buscó definir un espacio para sí en un mundo cultural colonial, premoderno, marcadamente estamental, antiintelectualista y masculino, como bien lo expresan Manuel Durán y Octavio Paz: "Lo que debió preocupar a los enemigos de sor Juana no se encuentra, en rigor, claramente expresado en ningún texto poético de la poetisa; se halla difuso a lo largo del *Primero sueño* y de la *Respuesta*, y es algo difícil de definir, porque se trata ante todo no de ideas con-

---

[5] Véase Dorothy Schons, "Some bibliographical notes on sor Juana Inés de la Cruz" en *Bulletin of the University of Texas*, Austin, Texas, 1925; "Some obscure points in the life of sor Juana Inés de la Cruz" en *Modern Philology*, vol XXIV, 1926; "Nuevos datos para la biografía de Sor Juana" en *Contemporáneos*, México, 1929; *Algunos parientes de Sor Juana*, México, 1934. La "Carta de Monterrey" fue descubierta por Aureliano Tapia Méndez en la Biblioteca del Seminario Arquidiocesano de Monterrey en abril de 1980. Véase *Carta de sor Juana Inés de la Curz a su confesor. Autodefensa espiritual*, México, Universidad de Nuevo León, 1986.

[6] Versos del romance En que responde, con la discreción acostumbrada (al Conde de la Granja que le había escrito el Romance "A vos, Mejicana Musa"...); y expresa el nombre del Caballero Peruano que la aplaude, incluido en nuestra antología.

cretas a las que la Iglesia hubiera podido oponerse sino de una *actitud especial*, muy poco común en su tiempo, ante la cual los pensadores y teólogos no sabían bien cómo reaccionar, pero de la que desconfiaban instintivamente".[7] "La palabra de sor Juana se edifica frente a una prohibición; esa prohibición se sustenta en una ortodoxia, encarnada en una burocracia de prelados y jueces. [...] Su decir nos lleva a lo que no se puede decir, éste a una ortodoxia, la ortodoxia a un tribunal y el tribunal a una sentencia."[8]

En 1651, quizás en 1648,[9] y en la alquería de San Miguel de Nepantla, a poco más de 50 km de la ciudad de México, nació Juana Ramírez, hija natural (como sus otros cinco hermanos) de la criolla y analfabeta Isabel Ramírez de Santillana y del español Manuel de Asbaje.[10] Luego de aprender a leer a

---

[7] Manuel Durán, "El drama intelectual de sor Juana y el antiintelectualismo hispánico" en *Cuadernos Americanos,* n° 4, julio-agosto de 1963, p. 239.

[8] Octavio Paz, *Sor Juana o Las trampas de la fe*, México, Fondo de Cultura Económica, 1981, p. 17.

[9] La fecha de nacimiento de 12 de noviembre de 1651 es del Padre Calleja; la de 1648 proviene del descubrimiento de un certificado de bautismo del Archivo Parroquial de Chimalhuacán, hallado por Ramírez España. Comparto las reservas sobre este documento apuntadas por Georgina Sabat de Rivers, en su edición citada de *Inundación Castálida* (véase bibliografía), pp. 10-12.

[10] Con buen criterio, María Luisa Femenías discute los enfoques patriarcales de Octavio Paz en su *Sor Juana o Las trampas de la fe*: "Otra cuestión tópica del examen de Paz es la vinculación de sor Juana con su abuelo materno substituto del padre ausente = muerto. Es curioso que le dedique páginas y páginas a la importancia de la ausencia del padre y resuelva en algunos renglones la relación de Juana con su madre

escondidas de su madre, encuentra en la biblioteca del abuelo materno sus primeros maestros "mudos", los libros, según cuenta en la *Respuesta de la poetisa a la muy ilustre sor Filotea de la Cruz*, en la que agrega otros datos acerca de su afán de conocer, esa merced divina que "me rayó la primera luz de la razón": "Acuérdome que en esos tiempos, siendo mi golosina la que es ordinaria en aquella edad, me abstenía de comer queso, porque oía decir que hacía rudos, y podía conmigo más el deseo de saber que el de comer, siendo éste tan poderoso en los niños. Teniendo yo después como seis o siete años, y sabiendo ya leer y escribir, con todas las habilidades de labores y costuras que deprenden las mujeres, oí decir que había Universidad y escuelas en que se estudiaban las ciencias, en Méjico; y apenas lo oí cuando empecé a matar a mi madre con instantes e inoportunos ruegos sobre que, mudándome el traje, me inviase a Méjico [...] para estudiar y cursar la Universidad; ella no lo quiso hacer, e hizo muy bien, pero yo despiqué el deseo en leer muchos libros varios que tenía mi abuelo, sin que bastasen castigos ni represiones a estorbarlo".[11]

---

que –¿desafiando a su época?– tuvo un total de seis hijos bastardos con dos padres diferentes a la par que dirigió una hacienda en una zona escasamente hospitalaria. ... La figura de la madre de Juana, Isabel Ramírez, es –como vemos– transgresora. Tal vez, Juana no se homologó a la figura masculina al querer entrar a la universidad... sino simplemente, siguió la huella de su madre que no parece haberse detenido a meditar si una mujer podía dirigir una hacienda: simplemente lo hizo...". La cita es de "Filosofías de cocina o Acerca del feminismo de sor Juana Inés de la Cruz" en *Deva*, nº 2, marzo de 1995, pp. 33-34.

[11] *Respuesta...*, p. 247.

Aún niña se traslada a la ciudad de México, a casa de unos tíos, y luego, cuando ya es virrey de la Nueva España el marqués de Mancera (1664-1673), ingresa a la corte al servicio de la virreina Leonor Carreto (Laura en sus poemas). Su primer biógrafo, el padre Diego Calleja, nos dice el deslumbramiento provocado por su ingenio y saber.[12] Nada sabemos, en cambio, de la atracción que acarreaba su belleza (evidente en los retratos pintados cuando ya era monja), ni si tuvo amores durante sus años en la corte. Es un enigma difícil de resolver, pues si bien sor Juana escribió poesía amorosa, se ignora las fechas de composición de los poemas y además, la estética barroca no autoriza la lectura biográfica, pues rechaza toda intención confesional. Lo cierto es que en 1667 ingresa al convento de San José de las Carmelitas Descalzas, que abandona a los tres meses, quizás por el rigor de la orden, para profesar definitivamente dos años más tarde en San Jerónimo, donde permanece hasta su muerte. En este convento será contadora y archivera. Los interrogantes de la crítica

[12] El padre Calleja, primer biógrafo de sor Juana, cuenta que aprendió latín en veinte lecciones y que deslumbró con su conocimiento al conjunto de notables reunidos por el virrey marqués de Mancera para examinar a sor Juana: "... y atestigua el señor Marqués que no cabe en humano juicio creer lo que vio, pues dice que *a la manera de un galeón real... se defendería de pocas chalupas, que le embistieran, así se desembarazaba Juana Inés de las preguntas, argumentos y réplicas, que tantos, cada uno en su clase, le propusieron. ¿Qué estudio, qué entendimiento, qué discurso y qué memoria sería menester para esto?*" Esta biografía se incluye en *Fama, y obras póstumas del Fénix de México, Décima Musa, Poetisa americana, Sor Juana Inés de la Cruz...*, Madrid, 1700. Mi cita proviene de Francisco de la Maza, *Sor Juana Inés de la Cruz ante la historia*, México, UNAM, 1980, p. 143.

sobre tal decisión rondan las trabas que su condición de bastarda pondría al matrimonio, o una desilusión amorosa, pero sor Juana la funda a las claras, quizás demasiado a las claras, pues no menciona una búsqueda de camino de perfección, piadoso o de mortificación, ni un especial fervor religioso. Se distancia de la posibilidad de llegar a santa o beata: "Entréme religiosa, porque aunque conocía que tenía el estado cosas (de las accesorias hablo, no de las formales), muchas repugnantes a mi genio, con todo, para la total negación que tenía al matrimonio, era lo menos desproporcionado y lo más decente que podía elegir en materia de la seguridad que deseaba de mi salvación; a cuyo primer respeto (como al fin más importante) cedieron y sujetaron la cerviz todas las impertinencillas de mi genio, que era de querer vivir sola; de no querer tener ocupación obligatoria que embarazase la libertad de mi estudio, ni rumor de comunidad que impidiese el sosegado aliento de mis libros."[13] En esa sociedad patriarcal hispánica, en la que imperaba un ideal femenino de sumisión, modestia y respeto, de castidad y piedad, el matrimonio y sus obligaciones domésticas hubiera entorpecido, y para nada autorizado, la dedicación al estudio al que aspiraba esta "mujer docta",[14] que ya en la corte exhibía sus inclinaciones al conocimiento y a la erudición. El hallazgo de la Carta de Monterrey, escrita probable-

---

13 *Respuesta...*, p. 248.
14 Véase Beatriz Colombi, "Notas para una 'mujer docta': sujeto y escritura en sor Juana Inés de la Cruz" en *Actas de las VIII Jornadas de Investigación del Instituto de Literatura Hispanoamericana*, Buenos Aires, Universidad, 1993.

mente hacia 1682, atenúa el peso que en la resolución de sor Juana de tomar los hábitos tuvo su confesor, Antonio Núñez de Miranda, según testimonia su biógrafo: "maduró y abrevió cuanto pudo aquella entrada al convento porque habiendo conocido la discreción y gracia en el hablar de Juana Inés, lo elevado de su intendimiento y lo singular de su erudición junto con su no pequeña hermosura, atractivos todos a la curiosidad de muchos que desearían conocerla y tendrían felicidad al cortejarla, solía decir que no podía enviar Dios azote mayor a aqueste reino, que si permitiese a Juana Inés se quedara en la publicidad del siglo".[15] La larga cita pinta también bien a las claras las presiones que debió ejercer este poderoso personaje, confesor de los virreyes, calificador de la Inquisición, cuya misoginia atestigua su biógrafo. Núñez de Miranda se retirará como confesor para asumir de nuevo ese rol casi al final de la vida de sor Juana, y a pedido de ella.

La ciudad de México fue el gran centro colonial español del siglo XVII. El notable crecimiento económico de la Nueva España entre 1590 y 1620, que marcó el predominio en la producción y riqueza de los sectores criollos, se acompañó con la exaltación de México como espacio privilegiado, un Paraíso de eterna primavera, cuya importancia social, artística y espiritual ya ponía de relieve Bernardo de Balbuena

---

[15] Cito por Octavio Paz, ob. cit., p. 12. El biógrafo de Núñez de Miranda, Miguel de Torres, dice que éste aconsejaba: "Con las señoras gran cautela en los ojos, no dejarme tocar ni besar la mano, ni mirarlas al rostro o traje, ni visitar a ninguna". Cito por Anita Larroyo, *Vida y pasión de sor Juana,* 2ª ed., México, Porrúa, 1971, p. 32.

en su *Grandeza mexicana* (1604) y que Carlos de Sigüenza y Góngora, letrado amigo de sor Juana, comienza a asociar en su *Primavera indiana*[16] con la elección divina, certificada por la aparición de la Virgen de Guadalupe.

En esa ciudad de México, celebrada por la bella arquitectura barroca de palacios e iglesias, los conventos, ocupados sobre todo en la beneficencia y la enseñanza, cobraban especial relevancia. En 1698 había 29 conventos de frailes y 22 de monjas. Las investigaciones en estos últimos años en parte han disuelto la consolidada imagen de excepcionalidad, y aislamiento, que configuraba a sor Juana. También los estudios acerca de los modos de vida de la mujer en la colonia y en México, han modificado las ideas vigentes sobre la sujeción femenina económica y social; si bien son pocas las fuentes directas, pues pocas mujeres sabían escribir (se carece de epistolarios, memorias, etc.), juicios, testamentos y otros materiales contribuyen a iluminar una grisalla demasiado homogeneizadora.[17] El aporte más valioso proviene de

---

16 Véase sobre este tema J. Lafaye, *Quetzalcóatl y Guadalupe; la formación de la conciencia nacional en México*, México, Fondo de Cultura Económica, 1977.

17 Véase sobre la condición femenina en la colonia y sobre la vida conventual: Arenal, Electra y Stacey Schlau, *Untold sisters; Hispanic Nun in their own Writings*, Albuquerque, University of New Mexico, 1988; Benítez, Fernando, *Los demonios en el convento*, México, Era, 1985; Franco, Jean, *Plotting Women; Gender and Representation in Mexico*, Nueva York, Columbia University, 1989. Este texto ha guiado mis notas sobre los vínculos entre sor Juana y las monjas místicas; Irving, Leonard, *La época barroca en el México colonial*, México, Fondo de Cultura Económica, 1974; Johnson, Julie Greer, *Women in Colonial Spanish, Ameri-*

las monjas, las letradas más numerosas e importantes de la época, pero tal documentación no aporta mucho sobre la vida secular y se la sabe sometida al control de la Iglesia, casi siempre escrita por frailes que recibían confesiones o testimonios femeninos, y que perseguían fines edificantes o ejemplarizadores, como sucede con los relatos de las monjas místicas. Si es atendible el reclamo de Concepción Arenal sobre la necesidad de analizar las relaciones entre misticismo e intelectualidad, sigue en pie la soledad de sor Juana, pues como señala María Isabel Santa Cruz, sus textos proponen otro modelo femenino.

Por otra parte, sor Juana se diferencia claramente de las monjas místicas (véase el aporte de Jean Franco), muchas veces parodiando sus biografías o testimonios, en los que abundan las visiones, las revelaciones o los éxtasis. Las preocupaciones de sor Juana son más filosóficas que religiosas, y así lo evidencian *Primero sueño*, la *Respuesta* y muchos poemas. De ellos sólo una pequeña parte son religiosos, de los cuales los villancicos, destinados a la celebración, a la fiesta barroca que parece seducirla y a cuyo esplendor la obligan los patronazgos y la condición de letrada, se destacan por su tono festivo y gozoso, por el humor, alejados de la ascesis o la reconvención. Si alguno de sus poemas amorosos puede leerse "a lo divino" –"Deténte sombra de mi bien esquivo", según

---

can Literature, Londres Greenwood Press, 1983; Asunción Lavrin, coord., *Sexualidad y matrimonio en la América prehispánica,* siglos XVI-XVIII, México, Grijalbo, 1989; Josefina Muriel, *Cultura femenina novohispana,* México, UNAM, 1982.

la bastante convincente interpretación de Emil Volek–,[18] es cierto también que la poesía amorosa, común en los clérigos, llamaba bastante la atención en una monja, y así lo evidencian los títulos y otras explicaciones justificativas contenidas en las ediciones de sus obras para sortear la censura o la extrañeza. En general, sus poesías tienen un ámbito de referencias, temas y motivos seculares, en las que asombra muchas veces la libertad de planteos, léxico, etc., como ocurre en sus sátiras y epigramas. Es justamente la gracia con que suele tramar erudición, apología y reverencia con la mención de hechos o circunstancias comunes y familiares en lenguaje coloquial, la que da uno de sus tonos peculiares:

> Gracias a Dios, que ya no
> he de moler chocolate,
> ni me ha de moler a mí
> quien viniera a visitarme.[19]

La actividad intelectual y literaria de Sor Juana se desarrolló al amparo del patronazgo de la corte y de la Iglesia, sorteando sus rivalidades, como ocurría a muchos de los letrados de entonces. Los villancicos y parte de su restante poesía religiosa tienen que ver con su condición de monja letrada. También sus autos sacramentales: *El Divino Narciso*, escrito hacia 1688,

---

[18] Emil Volek, "Un soneto de sor Juana Inés de la Cruz: 'Detente sombra de mi bien esquivo', en *Cuadernos Americanos*, nº 2, 1979, pp. 196-211.

[19] Cita del romance titulado "Qué respondió nuestra Poetisa al Caballero recién llegado a Nueva España que le había escrito el Romance "Madres que haces chiquitos"..., incluido en nuestra antología.

probablemente representado hacia 1689 o 1690 en Madrid; *El mártir del Sacramento, San Ermenegildo* y *El cetro de José*, ambos incluidos en el segundo tomo de sus obras (1992). En el primero de ellos, el más valioso desde el punto de vista literario, se destaca la loa, por la originalidad temática, que vincula el rito azteca del "gran Dios de las Semillas" (en realidad Huitzilopochtli) con la Eucaristía.

Los textos destinados a los virreyes y a sus familias revelan la destreza con que supo moverse sor Juana en el mundo cortesano y la protección que logra, con los Mancera primero, y sobre todo con el sucesor, Tomás Antonio de la Cerda, marqués de la Laguna, y con su esposa María Luisa, condesa de Paredes, durante su permanencia en México (1680-1686) y luego de su regreso a España. La edición a su cargo de las obras de sor Juana, abultadas con múltiples respetables elogios, le sirvieron de respaldo en sus conflictos de México.

La sor Juana invitada a participar, junto con los artistas más destacados de la ciudad, en la confección de los arcos triunfales con que se recibiría al nuevo virrey, el marqués de la Laguna, gozaba ya de fama y había alcanzado la edición con los *Villancicos de San Pedro* (1677), y su consagración como poetisa en 1683, por lo menos, al ganar con dos poemas en el Certamen poético de la Universidad, organizado y editado por Sigüenza y Góngora con el título de *Triunfo parténico*, en loor de la Inmaculada. Para ese espectáculo destinado a celebrar el poder español, sor Juana compone el *Neptuno alegórico*, en tres partes (dos en prosa y la restante en verso). Aquí describe los emblemas con que otorga al nuevo virrey las cualidades de silencio, sabiduría y magnanimidad, valiéndose del título del mismo y del hecho de que la antigua capital azteca se asentara en una laguna. Sor Juana exhibe sus destrezas en la versificación, su erudición y el hábil manejo de complejos lenguajes simbólicos.

Seguramente durante todo este período, y bajo la protección de los marqueses de la Laguna, sus poemas circularon en copias manuscritas y se leían en las tertulias de la corte, como era habitual. Así lo atestigua el acápite, entre otros datos, del soneto dedicatoria del primer volumen de su obra, *Inundación Castálida*: "A la excelentísima señora condesa de Paredes, marquesa de la Laguna, enviándole estos papeles que su excelencia la pidió y pudo recoger sor Juana de muchas manos en que estaban, no menos divididos que escondidos como tesoro, con otros que no cupo en el tiempo buscarlos ni copiarlos". Este patronazgo, pone en escena la condición del letrado en las colonias españolas en su conjunto y en el período barroco en especial y, por otra parte, recorta la significación de sor Juana en cuanto a la excepcionalidad de su figura, pues nadie alcanza su prestigio en la metrópoli y en las colonias americanas.

La creciente complejidad de la administración colonial, junto con el desarrollo urbano, en el siglo XVII, determinaron un considerable aumento del peso del letrado, tanto por su número, como por sus variadas funciones en la burocracia, la docencia y la Iglesia, contribuyendo de modo notable al control social y a la legitimación de la autoridad por su manejo de los lenguajes simbólicos. En esa sociedad signada por el absolutismo real y la ortodoxia de la Contrarreforma, acentuados en América por el estatus colonial, los letrados marcan su presencia como conjunto en certámenes y academias, en la producción de obras y organización de espectáculos a cargo de la Iglesia y la corte. Como señala Octavio Paz, "Nueva España fue una típica sociedad de corte [...] La corte no sólo tuvo una influencia decisiva en la vida política y administrativa sino que fue el modelo de la vida social. Sin la corte no podemos comprender ni la vida ni la obra de sor Juana; no sólo vivió en ella durante su primera juventud sino que su vida puede verse como la historia de sus relaciones a un tiempo íntimas, frágiles e inestables con el palacio virreinal".[20] Como también apunta el escritor mexicano, la cultura de esta sociedad fue eminentemente verbal; las cuestiones ideológicas se dirimían en ella a través del púlpito –los sermones–, la cátedra y las tertulias o las fiestas, donde el teatro ocupaba un lugar de privilegio. Cerrado por la censura a las nuevas ideas, este mundo letrado se desarrolla en un ambiente de luchas y postergaciones, acentuadas por la distancia con la metrópoli y las rivalidades entre españoles y criollos, entre el poder civil y el eclesiástico, propio de esta sociedad fuertemente dividida en castas. Los enmascaramientos de sor Juana como sujeto, más acentuados por su condición de mujer, no son ajenos a la mayoría de los letrados coloniales, como puede verse en Sigüenza y

---

[20] Octavio Paz, ob. cit., p. 42.

Góngora, la figura más importante de las ciencias americanas en el siglo XVII.

Entre 1683 y 1689 sor Juana estrenó dos comedias, *Los empeños de una casa* y *Amor es más laberinto*, cuya segunda jornada escribió Juan de Guevara. Ambas incluían loas y otras piezas breves intercaladas; sor Juana escribió 18 loas, textos breves para representar que abrían el "festejo", con el fin de indicar los motivos del mismo, para ganar el favor del público, además de dedicarse al halago de los virreyes.

En general, y sin una consideración detenida, la producción teatral novohispana se consideró mera imitación del teatro metropolitano. Las obras de sor Juana están trabajadas a partir de la refundición de piezas del barroco español, pero apartándose de ellas y jugando con ese vínculo, como puede verse en *Los empeños de una casa*, cita de *Los empeños de un acaso* de Calderón, comedia de enredos que se aparta de los modelos consagrados en cuanto la protagonista, Leonor, es una mujer intelectual –se ha visto en ella rasgos de la personalidad de Sor Juana–, que se casa con el hombre elegido por ella. Además, Leonor describe al hombre que ama con tonos y detalles propios del hombre que describe a una mujer, y en la obra se invierte el recurso teatral habitual de la mujer que se disfraza de hombre; aquí es el criado Castaño, uno de los personajes más singulares de *Los empeños de una casa*, quien se disfraza de mujer. *Amor es más laberinto*, refundición de *El laberinto de Creta* de Lope de Vega, estrenada para celebrar el cumpleaños del virrey, conde de Galve, es también una comedia galante, cuya acción se traslada a la Creta del Minotauro, teniendo como personajes a Teseo, Fedra, Ariadna. En ambas se destacan el ingenio de las intrigas y las situaciones de equívoco y enredo, así como el diálogo chispeante y la puesta en escena de la cocina de la creación teatral.

El aval de la corte y la consolidación de la fama en la metrópoli, con ediciones y reediciones de su obra en Madrid y otras ciudades españolas[21] –iniciada en 1689 por *Inundación Castálida,* reeditada en 1690– contuvieron o postergaron las presiones que pudieran provocar el nombramiento como arzobispo de México del jesuita Francisco Aguiar y Seijas, fraile entregado a la caridad y a la mortificación con azotes y cilicios, enemigo de comedias y novelas tanto como de las mujeres, a quienes prohibía la entrada a su palacio bajo pena de excomunión. De todos modos, sor Juana continuó su trabajo intelectual y de escritura hasta 1690 con cierta tranquilidad. Ese año se publican en México dos de sus obras importantes: el auto sacramental *El Divino Narciso* y la *Carta Atenagórica,* es decir, digna de Atenea, diosa de la sabiduría, en la cual refuta el *Sermón del Mandato* sobre la mayor fineza de Cristo, pronunciado por el célebre jesuita portugués Antonio Vieyra en Lisboa hacía cincuenta años. Es posible que tal publicación tuviera que ver

---

[21] Según Georgina Sabat de Rivers se hicieron ocho ediciones del primer volumen: *Inundación Castálida,* Madrid, 1689; *Poemas...,* Madrid, 1690; Barcelona, 1691; Zaragoza, 1692; Valencia, 1709 y una segunda edición en el mismo año; Madrid, 1714, 1725. Volumen 2, Barcelona, 1693 (tres ediciones), *Obras poéticas...,* Madrid, 1715 y 1725. Volumen 3, *Fama y obras póstumas...,* 1700, reeditada en Lisboa, 1701, Barcelona, 1701, Madrid, 1714 y 1725.

con las rivalidades entre Aguiar y Seijas, admirador de Vieyra, y el obispo de Puebla, Manuel Fernández de Santa Cruz, quien editó la *Carta Atenagórica* (parece que sin saberlo sor Juana), acompañada de una "Carta de sor Filotea de la Cruz", en la cual, bajo la máscara de una monja le era posible atemperar el peso de su autoridad para reconvenirla por su dedicación a las letras profanas: "No es mi juicio tan austero censor que esté mal con los versos –en que V. md. se ha visto tan celebrada–, después que Santa Teresa, el Nacienceno y otros santos canonizaron con los suyos esta habilidad; pero deseara que les imitara, así como en el metro, también en la elección de los asuntos. [...] No pretendo, según este dictamen, que V. md. mude el genio renunciando los libros, sino que le mejore, leyendo alguna vez el de Jesucristo. [...] Mucho tiempo ha gastado V. md. en el estudio de filósofos y poetas; ya será razón que se perfeccionen los empleos y que se mejoren los libros".[22]

Quizás sea la *Carta Atenagórica* el texto más osado de sor Juana, en cuanto avanzaba en el terreno estrictamente masculino del púlpito, pues si bien no pronunció sermones –no podía hacerlo– aquí encara la crítica de uno, incursionando en la teología. Tres meses después de publicada la carta del obispo de Puebla, sor Juana defiende su actividad y el derecho al conocimiento de las mujeres, en su famosa *Respuesta,* documento único en las colonias americanas de su siglo, por lo menos.

1691 y 1692 fueron años duros para la Nueva Es-

---

[22] Véase la versión completa en pág. 278.

paña: plagas e inundaciones provocaron hambre y carestía de alimentos; el 8 de junio de 1692 un motín popular contra la autoridad española y con importante participación indígena, culmina con el ataque al palacio del virrey. Aunque en estos años el apoyo a sor Juana continúa con sucesivas ediciones de su obra, seguramente los episodios apuntados contribuyeron al cambio radical de su destino. Es posible que en 1693 haya regalado su nutrida biblioteca para la limosna. Al año siguiente renuncia a todo lo terreno y el 17 de abril de 1695, muere durante una epidemia mientras atendía a las monjas enfermas en el convento, como consecuencia del contagio.

Poesía lírica

Si por tema y tratamiento, *Primero sueño* es único en lengua castellana, el resto de la obra poética de sor Juana no le va en zaga, destacándose tanto por la variedad y maestría con que se vale de los metros en boga –y aun revitalizando los caídos en desuso–, como por la originalidad del planteo de tópicos de matriz renacentista, que el barroco había complejizado mediante ingeniosos procedimientos. Su poesía amorosa y los sonetos filosóficos cobran una relevancia parangonable a las mejores producciones del barroco. Bimembraciones, paralelismos, retruécanos, antítesis e hiperbatones articulan una sintaxis artificiosa, que juega sus búsquedas de novedad y sus significaciones en la belleza de la trama sonora y rítmica. Si bien a veces abusa del cultismo y exagera las alusiones mitológicas o las muestras de erudición, la diversidad de asuntos tanto como el modo de presentarlos, conjugando complejas polisemias, muestran una calidad que no reconoce altibajos. De ahí la dificultad de fechar sus poemas recurriendo a las imperfecciones de novata, dado que no se conservan los manuscritos. También se ignora quién fue el autor de los títulos y notas explicativas de sus textos. Sor Juana atendió a las lecciones de los grandes poetas del Siglo de Oro español; se advierten en su poesía la lectura de Góngora, Quevedo, Lope de Vega o Gil Polo, entre otros, pero somete esta impronta a constantes reelaboraciones, nota característica del barroco, señalándolas, citándolas, con el humor de quien se sabe segura en la competencia:

> ¡Oh siglo desdichado y desvalido
> en que todo lo hallamos ya servido!
> Pues que no hay voz, equívoco ni frase
> que por común no pase
> y digan los censores:
> ¿Eso? ¡Ya lo pensaron los mayores!

En este famoso ovillejo[23] –en que "Pinta en jocoso numen, igual con el tan célebre Jacinto Polo, una belleza", la belleza de Lisarda– parodia las metáforas congeladas en clisé para la descripción de la figura femenina (el cabello como oro, o los dientes como perlas...). En diálogo con el lector y consigo misma, pin-

---

23 El ovillejo mezcla versos endecasílabos con algunos heptasílabos. Se diferencia de la silva en que riman en pareados y en consonante.

ta a Lisarda mencionado y eludiendo no solo las metáforas comunes sino también la rima previsible, los percances de una composición que asume airosa al estampar su firma al final del poema:

> y con tanto, si a ucedes les parece,
> será razón que ya el retrato cese,
> que no quiero cansarme,
> pues ni aun el costo de él han de pagarme;
> veinte años de cumplir en mayo acaba:
> *Juana Inés de la Cruz la retrataba.*

Desde esta perspectiva de la originalidad, siempre será recordada su redondilla "Hombres necios que acusáis [...]", de la que Octavio Paz dice, luego de señalar que no hay ninguna composición semejante en la literatura femenina europea de la época, que "por primera vez en la historia de nuestra literatura una mujer habla en nombre propio, defiende a su sexo".[24] Sor Juana parodia aquí una tradición eminentemente masculina, que hunde sus raíces en la Edad Media, dedicada a criticar o a alabar a las mujeres.[25]

---

[24] Octavio Paz, ob. cit., p. 399.
[25] Apunta Georgina Sabat de Rivers en su Introducción a *Inundación Castálida*: "La tradición que se halla en el fondo de 'Hombres necios' es muy larga. Las invectivas y las alabanzas en contra y a favor de las mujeres durante la Edad Media son conocidas. Las *Claras y virtuosas mujeres,* de Álvaro de Luna; el *Triunfo de las donas,* de Rodríguez Padrón, y la *Cárcel de amor,* de D. de San Pedro, abundan en aquello que los *Cancioneros* venían diciendo en verso. Durante el Siglo de Oro, tenemos a la Camila de la "Égloga" II de Garcilaso y a la Laurencia de *Fuenteovejuna,* entre otras. Mas donde nuestra poetisa fue a buscar más cercana inspiración fue en el "Canto de Florisia" de la *Diana enamorada,* de Gil Polo, (pp. 40-41).

La actitud autorreflexiva del sujeto que enuncia los poemas, sujeto a veces lábil genéricamente –habla como mujer, como hombre o desde la neutralidad–, va diseñando en la obra de sor Juana voz enunciadora que pareciera sobreimprimirse a las circunstancias de cada poema para indicar la fuerza, el poder del poeta, en su capacidad de preguntarse y responder desde el don de la palabra poética, que es resultado, también, de la inteligencia y la sensibilidad que las conforma y las funde:

> Quien vive por vivir solo,
> sin buscar más altos fines,
> de lo viviente se precia,
> de lo racional se exime,
> Y aun de la vida no goza;
> pues si bien llega a advertirse,
> el que vive lo que sabe
> solo sabe lo que vive.[26]

Este saber, disimulado y enmascarado a veces, con la falsa modestia, la escritura por encargo o con la trivialidad zalamera, se pone en escena, sin embargo, en el oficio de la poesía, sobre el cual vuelve continuamente el sujeto enunciador, mencionándolo, exhibiéndolo, diciendo que escribe:

> Óyeme con los ojos,

---

[26] Versos del romance: "No habiendo logrado una tarde ver al señor virrey, marqués de la Laguna, que asistió en las Vísperas del convento, le escribió este romance."

ya que están tan distantes los oídos,
y de ausentes enojos
en ecos, de mi pluma mis gemidos;
y ya que a ti no llega mi voz ruda,
óyeme sordo, pues me quejo muda.[27]

En la breve cita de estas liras que "Expresan sentimientos de ausente" el sutil manejo de las oposiciones léxicas, condensadas en la bimembración reflexiva final, se expande en la reiteración sonora de la distancia (*están tan dist*a*n*tes) vivida por el sujeto que escribe la epístola (de *mi* plu*m*a *mi*s ge*mi*dos;).

La retórica de la falsa modestia, de una merced divina que la fuerza y la obliga al servicio y que a su pesar la vuelve objeto de envidias y persecución, son recurrentes en toda la obra de sor Juana:

Si es malo, yo no lo sé;
sé que nací tan poeta,
que azotada, como Ovidio,[28]
suenan en metro mis quejas.
....
sino solo una obediencia
mandada de gusto ajeno,
cuya insinuación en mí
tiene fuerza de precepto.[29]

[27] Lira: "Que expresa sentimientos de ausente", incluida en nuestra antología.
[28] Romance: "Puro amor, que ausente y sin deseo de indecencias, puede sentir lo que el más profano".
[29] Romance: "Discurre con ingenuidad ingeniosa sobre la pasión de los celos...".

En ella, sin embargo, no falta la afirmación de la libre voluntad,

> Si porque estoy encerrada...
> Para el alma no hay encierro
> ni prisiones que la impidan,
> porque solo la aprisionan
> las que se forma ella misma.[30]

modulada por esa autorreflexibilidad del artista que sopesa sus elecciones estéticas, pondera y recela de sus aciertos y logros, como vemos en su magistral soneto filosófico-moral en que "Procura desmentir los elogios que a un retrato de la Poetisa inscribió la verdad, que llama pasión". Me detendré en este soneto para analizarlo brevemente, de modo de ilustrar la utilización de sor Juana de algunos procedimientos barrocos.

> Este que ves, engaño colorido,
> que del arte ostentando los primores,
> con falsos silogismos de colores
> es cauteloso engaño del sentido;
> éste, en quien la lisonja ha pretendido
> excusar de los años los horrores,
> y venciendo del tiempo los rigores
> triunfar de la vejez y del olvido,
> es un vano artificio del cuidado,
> es una flor al viento delicada,

---

[30] Romance: "A la misma Señora (la condesa de Galve), en ocasión de cumplir años".

es un resguardo inútil para el hado:
es una necia diligencia errada,
es un afán caduco y, bien mirado,
es cadáver, es polvo, es sombra, es nada.

Sor Juana compuso 16 retratos literarios, de muy diversa factura por su versificación, los recursos compositivos –enumerativos, descriptivos– y de tono. El Renacimiento normaliza este subgénero poético: la flexión enumerativa busca brindar un retrato nítido y completo, respetuoso de la Naturaleza y, en general, atento a un solo movimiento. El barroco transforma esta modalidad al imprimirle ritmos espaciales y perspectivas dinámicas, con el auxilio de paralelismo y antítesis marcadas, enriquecidas por los cultismos y la mitología, para romper el estatismo de la descripción. "El buen retrato barroco –afirma Ciorianescu– es un movimiento sorprendido en el espacio de un instante, una sugerencia más que una pintura, un escorzo que encierra más espacios que los que se ven."[31]

La tensión propia del tópico del *carpe diem* se exacerba en la oposición del fugaz chisporroteo de la belleza y el apremio del tiempo que solo promete destrucción. Singulariza este retrato de sor Juana, a diferencia de los más famosos del barroco español, el que la belleza y juventud de la retratada solo se aluden, porque ya está trascordada en pintura. Se elude la descripción; nada queda del gozo fugaz del *carpe*

---

[31] Alejandro Ciorianescu, *El barroco o el descubrimiento del drama*, Universidad de la Laguna, 1957, p. 92.

diem, aquí solo resta un "engaño colorido", que compromete a la belleza humana y al arte mismo, como vano sueño de permanencia. El retrato parte de una metonimia, el retrato por la retratada –según el título la poetisa misma– para diluirla en la ausencia, abstraída de la enumeración, no de las bellas partes de su cuerpo, sino de las definiciones. Un poema de la mirada –típico del barroco y del arte de sor Juana– que oculta al lector el objeto, convirtiendo a éste en el sujeto enunciador.

El deíctico *éste,* en posición inicial paralela en los dos cuartetos, se enlaza sonoramente mediante la repetición de *es* y la insistencia en la vocal *e* (marcada además por los acentos del endecasílabo), con la mirada, *(ves)* para imponer enseguida la certeza de su engaño *(es),* reiterada en las anáforas del verbo copulativo de cada verso de los tercetos. Esta sonoridad, fortalecida por la posición inicial y la cuádruple bimembración[32] final *(es cadáver, es polvo, es sombra, es nada),* conjugada con otros paralelismos del poema, encierran al lector, sin darle tregua, en una red de temibles verdades que el instante y la apariencia confunden (el engaño de la mirada). Esta insistencia sonora monocorde, acentuada especialmente en los tercetos, se intensifica con el ritmo que impone la sintaxis: ritmo sin respiro, sin un punto hasta el punto final de la nada; ritmo que va extremándose, del punto y coma, a las comas y a los dos puntos que aceleran la inmediatez de la muerte. Poema fundamental-

---

32 Véase sobre el tema: Dámaso Alonso, *Estudios y ensayos gongorinos,* 3ª ed. Madrid, Gredos, 1970.

mente nominal, solo se vale de los verbos *ves* y *es* en modo personal, de presente, más *ha pretendido*, que destaca el extravío iluso. El cuerpo elidido surge solo en la reiteración de los abstractos de las definiciones *(engaño colorido, cauteloso engaño)*, que comprometen tanto su perduración como la del cuadro, para culminar abruptamente en la materialidad del cadáver y en su disolución.

El poema, que guarda relaciones intertextuales con "Mientras competir con tu cabello" se aparta justamente en el verso final en esa concreción de la muerte, ya que Góngora dice "en tierra, en humo, en polvo, en sombra, en nada [...]".

El poema usa la figura de la repetición al modo barroco, para considerar el tema desde diversas perspectivas. Si el barroco no le teme a la repetición, como afirma Ciorianescu, sor Juana la extrema desafiando el riesgo de la monotonía, apoyando además su ingenio en enumerar, pero sin describir. Las antítesis, los sentidos encontrados, los somete también al rigor de los paralelismos que, al asemejarlas, las disuelven: en el segundo cuarteto, por ejemplo, los lexemas *excusar/triunfar*, en similar forma verbal, colocación en el verso y en rima interna, atenaceados además por la insistencia en el señalamiento del paso del tiempo, en el centro de los versos *(de los años, del tiempo, de la vejez)*, desembocan vertiginosamente en *los horrores, los rigores, el olvido*. En este tratamiento de antítesis y paralelismos reside también el movimiento del poema, típicamente barroco, atravesando los planos. La ironía desmiente así a la lisonja, motivo del segundo cuarteto, opuesta al engaño, tema del primero.

La elección de la preferencia barroca por evitar los artículos indefinidos, prevalece en los cuartetos, mientras los usa reiteradamente en los tercetos; ambos intensifican el desvanecimiento del objeto (el cuerpo representado), que se convierte en algo general y a la vez insignificante (*una necia diligencia, un resguardo inútil*). La preeminencia de los sustantivos y adjetivos con escaso anclaje en lo concreto, dramatizan las excepciones: la flor y el cadáver. El uso del hipérbaton es también magistral en el poema: el inicial *Este que ves*, común a otros poetas barrocos, pone de entrada en escena el peso sonoro de la *e* en la significación (*este que ves engaño...*); el otro ejemplo notable es *flor al viento delicada*, flor que vanamente intenta con su debilidad encerrar al viento que la deshoja.

Si el ritmo, como dijimos, se desliza dramáticamente del deíctico inicial, desde una circunstancia anodina del presente –contemplar un cuadro– al presente del verbo copulativo que conduce a la nada, todo el poema tiene, por una parte, un movimiento envolvente; trabaja con la dualidad irregular de cuartetos y tercetos, en correlaciones reiteradas sin separarlas estrictamente, aunque perdura la oposición entre *ves* y *es*, entre ser y apariencia, entre cuartetos y tercetos. Por otra parte, la rapidez del movimiento no deja de lado las pausas, que se acentúan en el último terceto, deteniéndose en la disolución del objeto y en la inversión de sentido del verbo mirar, en ese, *bien mirado*, expresión coloquial que se destaca en las elecciones léxicas, que convierte al *ves*, en reflexión, en acto del pensamiento. No es posible la refutación, en este movimiento envolvente, de acoso; el sujeto que contempla y dice la certeza del engaño en el primer cuarteto, diluye el halago del pintor en el segundo, para dejar solo la definición desnuda, tan objetiva que casi no queda sujeto que asuma su enunciado.

Sor Juana utiliza de modo brillante muy diversas combinaciones rítmicas, si bien sus metros preferidos fueron el octosílabo (en décimas, redondillas, quintillas y romances), el endecasílabo (sobre todo en los sonetos, en silvas y sextetos combinados con el heptasílabo) y el hexasílabo. "En la segunda mitad del siglo XVII, mientras declinaba en España la rica polimetría desplegada en la versificación de la lírica y del teatro del Siglo de Oro, sor Juana Inés de la Cruz empleaba en sus obras una variedad de metros y estrofas apenas igualada por ningún otro poeta anterior. [...] Su inclinación, sin embargo, no la llevó a insistir en (el) virtuosismo métrico. Dio preferencia en general a las formas más sencillas de la rima y de la estrofa. Fueron llanas y practicables las innovaciones que introdujo respecto a la composición de las endechas. El romance endecasílabo, después de sus ejemplos, fue conquistando en número creciente partidarios y cultivadores. [...] Puede decirse que los ritmos, tonos y acentos que se oían por las calles de México, como eco de la vida popular de la ciudad, atrajeron su curiosa atención con no menor viveza que los primores estilísticos del culteranismo."[33]

Sus romances representan un tercio de su lírica, además de usarlos en textos de asunto religioso y en su teatro. En uno de ellos ("En que responde la Poetisa,

---

[33] Navarro Tomás, Tomás, *Los poetas en sus versos*, Barcelona, Ariel, 1973, p. 50.

con la discreción que acostumbra [...] y expresa el nombre del Caballero Peruano que la aplaude") dice con humor la seducción del romance: "Pero el diablo del Romance/ tiene, en su oculto artificio,/ en cada copla una fuerza/ y en cada verso un hechizo".; y escudándose en la falsa modestia ("si podré entrar por fregona/ de las madamas del Pindo") ironiza con el auxilio de las musas, que visten con retazos "al soldado pobre", la poetisa. La sátira, el humor o la ironía, común en la poesía barroca, también del poeta para consigo mismo, es notable en sor Juana. A ellos apela muchas veces para, escudándose en la ignorancia, en la insignificancia de sus "borrones", tematizar el elogio al Fénix y a la Décima Musa de México. Pero también recurre a ellos para reforzar la alabanza o el homenaje a los poderosos con la familiaridad del lenguaje coloquial, de su acceso a la escena doméstica, como cuando con coquetería zalamera dice al virrey fray Payo Enríquez de Ribera, su afecto: "Mío os llamo, tan sin riesgo,/ que al eco de repetirlo,/ tengo ya de los ratones/ el convento todo limpio". Quizás sobresalgan también en este caso, los poemas dedicados a la condesa de Paredes, por la gracia con que dirige esta familiaridad hacia la cotidianidad femenina, como cuando le envía un dulce de nueces, haciendo intervenir a Apolo en la bondad del regalo, hecho para prevenir "a un antojo de la Señora Virreyna":

Esto dijo Apolo; y yo
Señora, para que veas
que cumplo con el oficio
de pretendiente Febea,

> te las remito, por que
> a Apolo, si no están buenas,
> por mal Cocinero, cortes
> el copete y las guedejas.[34]

De los 216 poemas que se conservan de sor Juana, 52 dedica a los marqueses de la Laguna, y la gran mayoría, a su esposa, la condesa de Paredes. Pero si esta zona de su producción tiene la marca del elogio, muchas veces incomprensible hoy, es cierto, como señala Octavio Paz que los "poemas de sor Juana a María Luisa se apartan muchas veces del género cortesano y constituyen un mundo aparte y del que no hay otros ejemplos en la poesía de la época".[35] De acuerdo a los cánones de entonces, que provienen de la tradición del amor cortés y enraizados en el neoplatonismo renacentista, este conjunto de poemas de sumisión amorosa a la dama, a quien otorga los nombres arcádicos de Lysi y Filis, se destacan no solo por la variedad sino también por la gama de los afectos, por las ricas modulaciones del vínculo expuesto, que se desplaza desde la intimidad compartida a la admiración respetuosa de lo inalcanzable.

La comunión amorosa, anclada con frecuencia en lo terreno, es posible porque encarna en la unión de las almas: "Ser mujer, ni estar ausente, no es de amarte impedimento; pues sabes tú, que las almas/ distancia ignoran y sexo".[36]

---

[34] Incluido en nuestra antología.
[35] Octavio Paz, ob. cit., p. 270.
[36] Romance: "Puro amor, que ausente..." citado más arriba.

La poesía amorosa de sor Juana, especialmente los sonetos y liras, ponen de manifiesto sus dotes líricas. Son en total unos cincuenta poemas que expanden los sentimientos amorosos desde las más diversas experiencias, situaciones, voces, actitudes y tonos; y a pesar de estar insertos en repertorios muy canonizados en su tratamiento, como son por ejemplo los nombres (Silvio, Anarda, etc.) de los interlocutores y los ámbitos (todos ellos provenientes de la tradición pastoril), muchos son los que se distinguen por la originalidad, por su fuerza o por su maestría de construcción, tonos o versificación. Generalmente enunciados por un sujeto que muestra su capacidad intelectual, estos poemas apuestan a la razón —muchos son claramente conceptistas—, en un intento, considera Xirau,[37] de reducir los opuestos.

La esfera del amor aparece supeditada a dualismos —se vale con frecuencia de las "correspondencias encontradas" o de antítesis triangulares— generados por la ausencia, los celos o el desdén, los sufrimientos y las incertidumbres del desencuentro en la concreción afectiva. En su excelente análisis de los sonetos "de amor y de discreción" María Rosa Fort los caracteriza del siguiente modo: "Cada soneto se ofrece como un pequeño escenario donde el sujeto somete afecto e intelecto a una especie de duelo cuyo resultado —la fusión de ambos— va a constituir el poema mismo. El soneto, siendo la forma más rigurosamente determinada en cuanto a su estructura formal es a su vez la

---

[37] Xirau, Ramón, *Genio y figura de sor Juana Inés de la Cruz,* Buenos Aires, EUDEBA, 1967, p. 31.

parrilla donde habrá de tramarse el más indómito sentimiento".[38] Muchos de estos poemas también ponen en escena el reclamo de interlocución, a través de la voz o de la escritura. Uno de los más famosos, "En que satisface un recelo con la retórica del llanto", la frustrada persuasión de la palabra frente al tormento de los celos cede a la materialidad de la mirada y del tacto, capaces de palpar el corazón, y en él la verdad ("mi corazón deshecho entre tus manos"). El carácter puntual del pretérito indefinido cancela el dolor sostenido en los cuartetos por la capacidad durativa del imperfecto, el dolor del sujeto que enuncia el poema, y de quien se recela, invirtiendo la preeminencia del sufrimiento de quien cela. La voz poética habla de un "sacrificio" atenuado por el imperativo ("Baste ya de rigores, mi bien, baste") que contribuye también a desvanecer en la pasividad al sujeto que tal sacrificio recibe.

Se reconocen en estos poetas tres voces enunciativas: habla un sujeto masculino, neutro o femenino. Este último se aparta de los modelos canónicos, por la activa manifestación de sus sentimientos, como bien analiza Gabriela Mogillansky: "Este sujeto femenino que enuncia los distintos momentos de su pasión amorosa por un hombre, inscripto en el interior de la lírica amorosa de los siglos XVI y XVII, se nos presenta como una construcción diferencial, que subvierte los lugares establecidos [...] Utiliza todo el material que

---

[38] María Rosa Fort, "Juego de voces: Los sonetos de amor y de discreción de sor Juana Inés de la Cruz" en *Revista de Crítica Literaria Latinoamericana,* a. XVII, n° 34, Lima. 2do. semestre de 1991, pp. 42-43.

la tradición le provee, pero lo condensa, hace estallar los celos y la ira de un sujeto femenino que se atreve a tomar la voz. [...] En los poemas de sor Juana el hombre no es sino una sombra y un nombre".[39]

Sor Juana compuso, además de villancicos sueltos, doce juegos completos, muy ricos por la diversidad de asuntos y procedimientos, en los que revela una maestría similar a la de Lope y Góngora en este subgénero poético, que alcanza una complejidad en el siglo XVII que lo aleja de las producciones anteriores. En los villancicos de sor Juana, notables por su gracia y su humor, se hace visible la lengua popular de la Nueva España, que se mezcla no solo con el latín sino también con el habla de portugueses, negros y el náhuatl de los indios.

Primero sueño

En la *Respuesta* sor Juana reconoce como único texto escrito por su gusto "un papelillo que llaman *El Sueño*", texto único, también, por su tema y factura en la literatura en lengua española. Probablemente escrito hacia 1685, y publicado en el segundo volumen de las obras (1692), el poema retoma, para reformularla drásticamente, la antigua tradición procedente de los siglos II y III (El sueño de Escipión, por ejemplo,

---

[39] Gabriela Mogillansky, "Cuan violenta la fuerza de un deseo" (Voz femenina y tradición en la poesía de Sor Juana Inés de la Cruz)", en *Primeras Jornadas de Literatura y Medios. Masculino/femenino*, Buenos Aires, Facultad de Filosofía y Letras, 1992, mimeo, p. 4.

incluido en la *República* de Cicerón) del sueño de anábasis, viaje del alma durante el sueño en el espacio celeste hacia una revelación, y con el auxilio de un guía. El Renacimiento y el Barroco recuperan el tópico en diferentes textos, entre ellos el *Somnium* de Kepler y el *Iter extaticum* (del camino a la luna) del jesuita Kircher, que influyó en la obra de sor Juana. *Primero sueño* se distancia de estos modelos para hacer del peregrinaje del alma –libre de las cadenas corporales y de todo otro elemento circunstancial e individualizante– un emblema de la aventura del conocimiento en soledad. "El alma se ha quedado sola: se han desvanecido, disueltos por los poderes analíticos, los intermediarios sobrenaturales y los mensajeros celestes que nos comunicaban con los mundos de allá. La ruptura es una verdadera escisión y todavía padecemos sus consecuencias históricas y psíquicas. [...] El poema es el relato de una visión espiritual que termina en no-visión. Esta segunda ruptura de la tradición es todavía más grave y radical."[40] *Primero sueño* dice casi obsesivamente esa tensión entre el hombre solo y el enigma del universo, que procura descifrar, sin el resguardo de la posibilidad que puede dar la religión, no tematizado en el texto.

La crítica ha considerado de diferentes modos el título "*Primero sueño*, que así intituló y compuso la Madre Juana Inés de la Cruz, imitando a Góngora": ¿Por qué *primero*? ¿Se refiere a las fantasías de quien duerme, a las ilusiones vanas, que lo encierran en la tópica barroca del desengaño? ¿Se trata de una pri-

---

[40] Octavio Paz, ob. cit., p. 482.

mera experiencia entre las sucesivas posibles? Alfonso Reyes lo considera búsqueda de "una síntesis entre la vigilia, el duermevela y el sueño";[41] José Gaos, como muchos otros, lee la quimera del afán de saber.

El título indica también una filiación, las *Soledades* de Góngora, similares en el metro elegido, la extensión y los artificiosos procedimientos, en los que se solaza desafiante. El peregrinaje ocurría en las *Soledades* bajo la luz y los goces del paisaje y la vida campesina, plenos de colores, sabores y olores, que el recurso de la proliferación barroca intensificaba. En *Primero sueño* hay soledad extrema y claroscuros, casi ninguna nota de color; el impulso de vuelo impone un desplazamiento vertical de un sujeto que se atreve por un espacio inaccesible a lo humano, cargado de amenazas y caídas. Las tinieblas agoreras de la noche –no nombrada, pero corporizada en sus aspectos negativos (las figuras mitológicas de la primera parte sobre todo, Nictimene –la lechuza–, Mínidas –murciélagos–, Ascálafo –búho–), y los escasos destellos luminosos difuminan un espacio aéreo, cósmico, vacío de pasiones del alma ajenas a su búsqueda. Sí recuerda de las *Soledades* la condición inacabada, rasgo importante de la estética barroca, de ahí que pueda interpretarse este "primero", como una experiencia, una instancia, abierta a la posibilidad de continuación.

Las concepciones filosóficas presentes en el *Primero sueño*, más allá del neoescolasticismo de Suárez, que imperaba en el pensamiento hispánico del

---

[41] Alfonso Reyes, *Medallones*, Buenos Aires, Espasa Calpe, 1951, p. 62.

XVII, provienen del sincretismo entre neoplatonismo y hermetismo del Renacimiento: "El hermetismo tiene muchos puntos de contacto con el platonismo medio y el neopitagorismo, así como con el neoplatonismo. Tiene también diferencias importantes. Pero el elemento común a esos diversos sistemas especulativos de los primeros siglos de la era cristiana es la concepción de la realidad como una *cadena de ser*, reproducida por una *cadena de pensamiento*. Puede haber un sistema de pensamiento porque el mismo constituye un sistema. El orden de demostración es tal como el orden del ser, de modo que lo primero en teoría es también lo primero en la realidad. Todo el sistema de la realidad forma una jerarquía dinámica, definida por diferentes grados de perfección, unidad, divinidad y bondad, que el intelecto humano debe recorrer en un movimiento de 'ascenso'".[42] Desde lo oscuro e impenetrable el alma va ascendiendo, y en este movimiento comienza a diluirse la opacidad, la materia se vuelve más sutil para abrirse hacia la luz ansiada, del ser y del conocimiento.

El espacio cósmico del poema es el de la cosmología escolástica, tolemaica, de esferas rígidas, centrado en la Tierra, envuelta por los diferentes cielos (zonas infralunares, ultralunares y el *cælum empireum*): es éste el universo cerrado que la ciencia moderna ya ha trastocado con Copérnico y Galileo, colocando al Sol

---

[42] María Isabel Santa Cruz, "Filosofía y feminismo en sor Juana Inés de la Cruz" en Amorós, Celia, coord., *Actas del Seminario Permanente: Feminismo e Ilustración,* Madrid, Universidad Complutense, 1992, p. 277.

en su centro. Pero este espacio fundado en tal concepción ordenada y finita, también se expande y dinamiza, pues está sujeto a desplazamientos múltiples y constantes cambios; no es una unidad fija e inmóvil, sino un mundo donde conviven elementos en pugna, como el agua y el aire, la debilidad y el poder, la gloria y el estrago. Además, se ordena desde un sujeto que le impone sus perspectivas. La perspectiva es aérea y típicamente barroca: privilegia un movimiento que relaciona y atraviesa los distintos planos espaciales, convulsionándolos en función significativa –los fuertes ascensos y descensos son un ejemplo–. El sujeto que enuncia el poema, describe ese espacio según sus percepciones, ordenándolo, como ponen de manifiesto el uso reiterado de deícticos (este, aquel) y de los "digo", así como su tendencia a la reflexión, como cuando describe el cuerpo dormido, en el cual el corazón, los pulmones y el estómago ("científica oficina") continúan con sus funciones de mantener la vida. El siguiente fragmento es buen ejemplo:

v. 247 pagando por entero
la que, ya piedad sea, o ya arrogancia,
al contrario voraz, necia, lo expuso
–merecido castigo, aunque se excuse,
al que en pendencia ajena se introduce–;
ésta, pues, si no fragua de Vulcano.

En ese espacio, espacio objeto del conocimiento y del proceso de conocer (donde él se cumple, en la alegoría del viaje), penetra la luz, tanto para iluminar un juego inseguro de reflejos, como para afirmar la esencia del alma y su pertenencia al Ser, con el cual alienta unirse mediante el conocimiento:

v. 292 La cual, en tanto, toda convertida
a su inmaterial ser y esencia bella,
aquella contemplaba,
participada de alto Ser, centella
que con similitud en sí gozaba;

La mirada del sujeto, en primera persona, que sigue el desplazamiento del alma desde un aparente segundo plano, compite en el ordenamiento del caos que la multiplicidad de los objetos del universo introduce en todo conocimiento. El poema, además, exhibe diversos saberes –astronomía, física, etc.–. Pero sobre la grandeza de esta empresa poética, se sobreimprime la significación opuesta –*Primero sueño* se articula sobre la antítesis–, la de la precariedad del conocimiento posible; precariedad que a la vez se tensiona con la insistencia en una tarea riesgosa y difícil, a la que no se renuncia a pesar de las sucesivas caídas. Esta aventura es la única en pie cuando todo descansa, y el alma no ceja a pesar de los fracasos, solo la llegada del día interrumpe su búsqueda.

Se han propuesto diversas divisiones para el poema que insisten, con razón, en una organización de simetrías opuestas, que podrían encerrarlo en una especularidad típicamente barroca: dormir del mundo, dormir del cuerpo, viaje del alma, despertar del cuerpo y despertar del mundo. Pero la afirmación del sujeto en el último verso (*El Mundo iluminado, y yo despierta*) quiebra esa especularidad al marcar la presencia continua en todo el proceso narrado de ese yo enunciativo que ahora se nombra a sí mismo. Por otra parte, el poema no presenta realmente división en partes, es continuo. El ritmo de las partes apuntadas se contrapone con el modelo de verso elegido y la estructura sintáctica. Los 975 versos en silvas, con su posibilidad de libre alternancia de endecasílabos y heptasílabos, y sin imposición de unidad estrófica, cooperan en darles intenso dinamismo: el poema no se atiene a la coincidencia entre verso y forma sintáctica completa; mediante encabalgamientos, pausas, paréntesis, rimas internas, etc., el movimiento se intensifica, casi no se oyen las pausas de final de verso, envueltas en continuos hipérbatones, o en bimembraciones que los seccionan, o por los juegos sonoros en el interior del verso mismo que confunden su unidad, así como por el torbellino de referencias que establecen las proliferaciones, los paréntesis y guiones, etc. Se prefieren los dos puntos o el punto y coma, y casi no hay punto y aparte. La cláusula que describe el ascenso inicial de las sombras ocupa 25 versos, 26 incluye el período sobre el silencio y la quietud de las aves. Y luego de un período breve de seis versos de reflexión del sujeto, la visión del sueño extendido al mundo entero se desarrolla en 41 versos sin punto y aparte. Podríamos multiplicar los ejemplos. Pero además, se refuerza la continuidad, no solo evitando las cláusulas independientes, sino con el uso de los deícticos, los relativos o la insistencia en la conjunción copulativa. Estos rasgos complejizan las tensiones del movimiento conflictivo del poema: los rasgos antitéticos se combinan pero no son coincidentes en los distintos niveles de análisis, de modo que son pocos los momentos de detención o distensión. El hipérbaton inicial diseña emblemáticamente esos movimientos tanto como la atmósfera de *Primero sueño,* presidida por los volúmenes de ascenso –la pirámide de sombras, las pirámides de Egipto, el faro de Alejandría y la torre de Babel–. El alma inicia su viaje cuando todo se ha acallado, reitera la quietud el ordenamiento que el poema va configurando –las aves, el viento y el mar, etc.– hasta llegar a las cimas emblemáticas del poder y de la majestad (el león y el águila) que reposan al igual que la debilidad (el ciervo). *El sueño todo, en fin, lo poseía,* resume para volver a desplegar el descanso del mundo centrado ahora sobre todo en lo humano (el trabajo y el máximo poder, el Papa) que culmina con la artificiosa máquina del cuerpo: solo perdura el ritmo vegetativo de la vida en la metáfora del reloj, que marca, pone límites, a la noche y, en otra dimensión, a la vida misma. El reposo es, sin embargo, escenario de la contienda infinita entre sombras y luces; modulación de la temporalidad que se conjuga con otras dos, por lo menos. El viaje en *Primero sueño* tiene frente a sí constantemente emblemas del pasado: las altas columnas, empresas derruidas también de elevación –pirámides de Egipto, faro de Alejandría, Torre de Babel– que sustentan el movimiento espacio-temporal del texto; figuras que reiteran el ascenso de esos volúmenes macizos de las sombras cuya consistencia pronto se diluye en vapor y aliento, y que el día inexorablemente elimina. Esta temporalidad alcanza un pasado mítico, desde las imágenes de las aves configuradas por leyendas nefastas hasta Ícaro y Faetón, que se arriesgan hacia lo alto. Las caídas que el poema presenta no son de igual magnitud: tenebrosas al comienzo van llenándose luego de claridad, se aquietan los hipérbatones, los mitos tienden a la luz y al vuelo, no ocultan sus cuerpos monstruosos en las sombras. El tiempo concentrado de *Primero sueño*, unas pocas horas, trama una red de sombras y luces que connotan su fluir infinito.

Importa en este tema revisar el uso de los tiempos verbales. En casi todo el poema prevalece el modo indicativo, conjugado en movimientos que van del pretérito imperfecto al presente. No privilegia el pretérito indefinido, tiempo de la acción acabada que separa tajante enunciación de enunciado. El significado mismo de la mayoría de los verbos alude al movimiento, con frecuencia encontrado, de lucha.

En este ámbito asciende el alma, siguiendo primero los sentidos interiores (estimativa, imaginativa, memoria y fantasía), que organizan las percepciones inmediatas del mundo exterior para convertirlas en figuras mentales, formalizadas en conceptos:

v. 280 así ella, sosegada, iba copiando
las imágenes todas de las cosas,
y el pincel invisible iba formando
de mentales, sin luz, siempre vistosas
colores, las figuras
no sólo ya de todas las criaturas
sublunares, mas aun también de aquellas
que intelectuales claras son Estrellas,
y en el modo posible

> que concebirse puede lo invisible,
> en sí, mañosa, las representaba
> y al alma las mostraba.

Se contempla entonces como chispa del Ser, de esa luz en la que participa por semejanza, pero el deslumbramiento impide comprender y, encegucida, cae para volver al ascenso gradual, escalonado por las categorías aristotélicas. Paso a paso se interna en el reino mineral, vegetal y animal, camino en el cual está presente la idea platónica de la cadena del ser –de lo uno manifiesto en lo plural–, cuya comprensión también pierde al Entendimiento cuando comienza a despertar el cuerpo.[43] La perplejidad del Entendimiento se expresa a través de una cláusula muy compleja (del verso 827 al 869):

> Mas mientras entre escollos zozobraba
> confusa la elección, sirtes tocando
> de imposibles, en cuantos intentaba
> rumbos seguir –no hallando
> materia en que cebarse
> el calor ya, pues su templada llama...

[43] María Isabel Santa Cruz señala en el artículo arriba citado: "Puede leerse *Primero sueño* como la exploración por parte del entendimiento humano de los límites del conocimiento. La exploración no tiene nada que ver con la noche oscura del alma propia de los místicos, ni tampoco con el desengaño barroco ni con el sueño como ilusión. La conclusión del poema no es escéptica. Si se reconoce que el conocimiento tiene sus limitaciones, no por ello el entendimiento humano, teniendo como modelo la actitud rebelde y atrevida de Faetón, tiene que darse por vencido. Ascender, llegar hasta un cierto punto y recaer para desde allí volver a ascender es el camino del perfeccionamiento y de la realización del ser racional". Págs. 279-280.

Los desafíos y riesgos del conocer descriptos y confrontados mediante la proliferación de emblemas, de esos jeroglíficos (las pirámides, etc.) que estructuran el poema, engarzan en la empresa mayor de transmitir la vivencia[44] de una cuestión tan abstracta como la elegida para contenido del poema, desplegada a través de una trama textual (*Primero sueño* es una narración) difícil y artificiosa, continua, abierta a las distintas vías que diseñan sus oraciones subordinadas, sus figuras retóricas, sus movimientos sonoros y rítmicos, etc. Desafío también al lector de compenetrarse en la tortuosa búsqueda, cuyos caminos intrincados despliega el poema.

La *Respuesta*

Incluida en el tercer volumen de las obras de sor Juana, este texto circuló seguramente manuscrito y se escribió para tal fin. Es expresión de un género, el epistolar, muy importante entonces y muy usado por sor Juana, quien mantuvo activa correspondencia con personalidades de España y de América. Complementario de *Primero sueño*, "haz y envés de la misma tela" ha dicho Alfonso Reyes, la *Respuesta* muestra la aventura del conocer como experiencia individual y de toda una vida. La funesta carga de la noche se concreta aquí en el entorno amenazante que se intenta conjurar con una defensa organizada se-

---

[44] Véase Andrés Sánchez Robayna, *Para leer "Primero sueño" de sor Juana Inés de la Cruz*, México, Fondo de Cultura Económica, 1991.

gún la retórica del discurso forense para discutir espacios y prácticas del conocimiento y la escritura, apelando a la propia condición, al ejemplo personal, y a las autoridades. La defensa se encara ante un destinatario que es acusador y juez, introduciendo en lo individual argumentaciones que comprenden los derechos femeninos a aprender y escribir, frente a la condición de las mujeres, recluidas en la ignorancia y descalificadas por "inferiores" en cuanto a su racionalidad e incapacidad de intelección. Esta flexión de la *Respuesta* acentúa su excepcionalidad. Se singulariza también por el complejo entramado de familiaridad, espontaneidad y afecto con las distancias y el respeto frente a un destinatario cuya superioridad se pone constantemente en escena, así como por el estratégico tratamiento entre callar y decir, saber y no saber, obedecer y no hacerlo, agudamente analizados por Josefina Ludmer como "las tretas del débil".

La carta de sor Filotea (el obispo de Puebla) lleva fecha 25 de noviembre de 1690. La *Respuesta* es de primero de marzo del año siguiente: sor Juana se demora más de tres meses en contestar, quizás a la espera del arribo a México del segundo volumen de sus obras que, iniciado por *Primero sueño*, respaldaría su actitud. El volumen apareció al año siguiente en Sevilla, acompañado de numerosos elogios. José María Cossío considera dentro de estas estrategias el posible acuerdo entre sor Juana y el obispo, quien con la edición de sus reconvenciones, atemperadas respecto de críticas más fuertes,[45] daban

---

[45] Ermilo Abreu Gómez considera que las persecuciones vinieron de la

oportunidad para responder públicamente, al abrigo de una carta aparentemente privada. Es cierto que la Carta de sor Filotea no presupone réplica sino obediencia; es cierto también que el subterfugio de ampararse el obispo en el travestismo de "sor" permitía la contestación –realmente imposible ante una autoridad de tal envergadura–, pero la simulación de encerrar el intercambio epistolar en la esfera femenina se resiente fácilmente, pues una monja no podía mandar a imprimir la *Carta Atenagórica*, recibir "confesión" ni amonestar públicamente. Es difícil elucidar la cuestión: en nuestra mirada retrospectiva, basada en las concepciones modernas de sujeto, los pasos sucesivos aparecen concatenados en un relato cuya lógica quizás no se ajuste estrictamente a los hechos. Pero si comparamos con la *Carta de Monterrey*, muy anterior y realmente privada, se diseñan con claridad esos "interlocutores terribles" indicados por Octavio Paz para la *Respuesta*.[46] Conviene introducir la consideración de Maravall[47] sobre la cultura barroca, "cultura dirigida", caracterizada por el control y la represión física (su emblema es la ciudadela bien artillada que se construye en las ciudades) y psicológica (apoyada en recursos ideológicos, sociales y artísticos) que, frente a esta primera emergencia de masas y en situación de crisis, gravi-

---

Compañía de Jesús. Coinciden en esto varios críticos mientras que Méndez Plancarte y Alberto Junto lo niegan totalmente. Véase Octavio Paz, ob. cit.

46 Octavio Paz, ob. cit., p. 16.
47 Véase José Antonio Maravall, *La cultura del Barroco*, Barcelona, Ariel, 2ª ed., 1980.

tan para contener las irrupciones amenazantes. Los problemas religiosos son, para Maravall, cuestiones de Iglesia, sobre todo en el campo católico, por su estrecho vínculo con el poder absoluto de la monarquía. El hombre barroco es un "hombre en acecho", que sabe que puede actuar, mediante la cautela (voz típicamente barroca), el cálculo y la prudencia, frente a la violencia y aun a la crueldad.

Justamente impresiona en la *Respuesta* el peso que adquieren la soledad y el encierro, la agresión y la violencia, en la construcción de la imagen de sí que postula sor Juana ante sus críticos. La doble transgresión de que se la acusa –dedicarse a lo profano tanto en el estudio como en la escritura–, unida a las amonestaciones generadas por la *Carta Atenagórica*, inscripta en la esfera de lo sagrado (la teología), se produce en el asedio continuo, cuyo emblema es el forzamiento. La prohibición, la censura o el ataque se materializan con frecuencia en elementos punzantes (púas, flechas) que culminan en el cerco, significado en la corona de espinas de Cristo, condensación del propio martirio. La desmesura del espacio cósmico de *Primero sueño* es ahora encierro y celda; el temor y el riesgo surgen ante calumnias y persecuciones.

Perelmuter Pérez señala en la *Respuesta* la cuidadosa amalgama de carta familiar y discurso forense, cuyas secciones (exordio, narración, prueba y peroración) analiza.

El Exordio bosqueja las cuestiones centrales de la réplica mediante preámbulos sobre la demora en responder, escudados en la retórica de la *captatio benevolentia*. La falsa modestia ("pobre monja", "la más indigna") articula disculpas basadas en el temor por su ignorancia (en un texto que exhibe erudición) tanto para responder como para dedicarse a leer libros sagrados. Todo un fraseo apoyado en el alarde de afectiva franqueza, espontaneidad e ingenua humildad dirige los inicios de la defensa, que incluye la aceptación de las amonestaciones, muy matizadas con los peligros que el estudio de los asuntos religiosos supone –la herejía, la amenaza de la Inquisición–. Se tematiza el silencio, en cuanto a callar por falta de respuesta adecuada; pero también, frente a mercedes (decisiones) en que no ha intervenido, como es la escritura y publicación de la *Carta Atenagórica,* cuestión en la que insiste, acentuándola, a lo largo del texto. La defensa se ampara en la confesión: contará "sus más callados secretos", lo cual implica la posibilidad de absolución y también la *verdad* de la carta.

Su autobiografía intelectual ocupa el centro de la Narración (líneas 216/844), tensionada entre la pasión del saber y sus dificultades, que enfoca como proviniendo de su condición de mujer. Frente a la mujer definida por la naturaleza, sor Juana insiste en la historia, en la propia y en la que apela, sea pagana o cristiana, para reforzar sus argumentaciones. Calla su vida en la corte y se detiene en la experiencia conventual tematizando una búsqueda de perfección distante de la común entre las monjas de la época: pone en escena la mortificación –con frecuencia del cuerpo–, pero para alcanzar el saber. Prohibiciones, soledad, tormentos han perseguido tanto su deseo de aprender como su talento, que ha intentado apagar, sepultar, sacrificar; como sujeto del conocimiento vive violentándose y a la vez sometida a la violencia de los otros. El texto se carga de movimiento y dramatismo a través de preguntas retóricas, oraciones exclamativas, y sobre todo por el retorno a planteos expresados con mayor ímpetu, que organizan una compleja red de condensaciones y desplazamientos. Favorecida y forzada por el favor divino, que se transforma en "negra inclinación" y "locura", su historia es un débil destello del destino del sabio, cuyo más alto ejemplo es Cristo. Si su aspiración última es estudiar teología, su dedicación a disciplinas profanas encuentra razones en el acceso casual a ciertos libros y no a otros; pero sobre todo, porque el conocimiento supone una "cadena universal" que vuelve válidos sus diversos engarces, y para descubrirlos no se requieren solo los libros, pues el mundo es una constante posibilidad de aprendizaje. Desde esta concepción del saber se explaya sobre la observación y la experimentación a la mano en las tareas femeninas: "¿qué podemos saber las mujeres sino filosofías de cocina? Bien dijo Lupercio Leonardo, que bien se puede filosofar y aderezar la cena. Y yo suelo decir viendo estas cosillas: si Aristóteles hubiera guisado, mucho más hubiera escrito".

Como dijimos, la *Respuesta* vuelve a sus planteos, los reitera exacerbándolos, desplazando y matizando las argumentaciones, por momentos haciéndolas contradictorias. El duro aprendizaje a solas, sin maestros ni condiscípulos; el silencio de los "libros mudos" se vuelve panacea ante requerimientos o ruidos que la entorpecen. En la instancia más rigurosa de sus argumentaciones, la Prueba, afirma, "lo que es por mi defensa nunca tomaré la Pluma". Estas flexiones del texto son un aspecto de sus estrategias para disentir y refutar –hacia el final insinúa que seguirá escribiendo ("Si algunas otras cosillas escribiere")– evitando el enfrentamiento, diluyendo la situación de enjuiciada.

En la Prueba (845/1418) vuelve a situarse en la condición femenina. En primer lugar, construye una genealogía que respalde su experiencia particular, consciente de una tradición pobre que la lleva a expandirse en ejemplos paganos y cristianos ("Veo tantas y tan insignes mujeres"). Por otra, recurre a la opinión autorizada de la Iglesia, partiendo de las consideraciones del famoso catedrático en Filosofía y Sagrada Escritura de México, el doctor Juan Díaz de Arce, quien había sido además arzobispo de Santo Domingo. Basará su defensa del derecho de las mujeres a aprender, enseñar y escribir, en la interpretación de las frases "Las mujeres callen en la Iglesia" de San Pablo y "La mujer aprenda en silencio" de Timoteo, colocándolas en su contexto; explicando sus alcances atenta a cuestiones históricas, sociales y filológicas tanto como a la relevancia que en tales cuestiones tiene la diferencia de sexo: no solo para las mujeres es el "callen" "sino para todos los que no fueren muy aptos". La Prueba trae a escena con más fuerza a sus impugnadores, de la *Carta Atenagórica* y de sus versos, sus "torpes borrones", nacidos de la obediencia y también consagrados por la fama ("las puntas de las alabanzas, que son lanzas que… nos quitan la vida…"). La Peroración diluye en las disculpas por el estilo y el tratamiento el tono levantado que roza la indignación, amparado en la "casera familiaridad", lúcido subterfugio con que logra preservar la memoria de una voz capaz de volver escritura el asedio y las trampas.

SUSANA ZANETTI

Bibliografía

De sor Juana Inés de la Cruz

Obras completas de sor Juana Inés de la Cruz. Edición, prólogo y notas de Alfonso Méndez Plancarte. México, Fondo de Cultura Económica, 1951-1957, 4 vols. El volumen 4 estuvo a cargo de Alberto G. Salceda.

Inundación Castálida. Edición, introducción y notas de Georgina Sabat de Rivers. Madrid, Castalia, 1982.

Sobre sor Juana Inés de la Cruz

Alatorre, Antonio, "La *Carta* de Sor Juana al P. Núñez" en *Nueva Revista de Filología Hispánica*, t. XXV, n° 2, 1987, pp. 591-673.

Balestrino de Adamo, Graciela, "Autorreflexividad en la escritura de Juana Inés de la Cruz" en *Actas del coloquio internacional Letras coloniales...*, Buenos Aires, Asociación Amigos de la Literatura Latinoamericana, 1994, pp. 47-55.

Bellini, Giuseppe, *Sor Juana e i suoi problemi,* Milán, Cisalpino, 1989.

Benassy-Berling, Marie-Cécile, *Humanisme et religion chez sor Juana Inés de la Cruz. La femme et la culture au* XVII *siècle.* París, Éditions Hispaniques, 1982. Trad. esp. México, UNAM, 1983.

——, "Sobre la génesis de la Respuesta a sor Filotea de sor Juana Inés de la Cruz" en *Revista de Indias,* vol. XLIV, n° 174, julio-diciembre 1984, pp. 541-545.

Bergmann, Emilie, "Sor Juana Inés de la Cruz: Dreaming in a Double Voice" en AA.VV., *Women, Culture and Politics in Latin America*, Berkeley, University of California, 1990, pp. 151-172.

Blanco Aguinaga, Carlos, "Dos sonetos del siglo XVII: amor-locura en Quevedo y sor Juana", en *Modern Languages Notes,* n° 77, 1962, pp. 145-162.

Buxó, José P., "Lectura barroca de la poesía (el otro sueño de sor Juana Inés de la Cruz)" en *Imago Hispaniae. Homenaje a Manuel Criado del Val,* Kassel, Reichenberger, 1989, pp. 551-572.

Carilla, Emilio, "Sor Juana: ciencia y poesía (Sobre el *Primero sueño*)" en *Revista de Filología Española,* n° 36, 1952, Buenos Aires, pp. 287-307.

Colombi, Beatriz, "Notas para una 'mujer docta': sujeto y escritura en Sor Juana Inés de la Cruz" en *Actas de las VIII Jornadas de Investigación del Instituto de Literatura Hispanoamericana,* Buenos Aires, Universidad de Buenos Aires, 1993, pp. 11-16.

Durán, Manuel, "El drama intelectual de sor Juana y el antiintelectualismo hispánico" en *Cuadernos Americanos,* a. XXII, n° 4, agosto 1963, pp. 238-253.

Femenías, María Luisa, "Filosofías de cocina o Acerca del feminismo en sor Juana Inés de la Cruz" en *Deva*, n° 2, Oviedo, marzo de 1995, pp. 32-41.

Ferré, Rosario, "El misterio de los retratos de sor Juana" en *Escritura*, a. X, n° 19-20, Caracas, enero-diciembre de 1985, pp. 13-32.

Franco, Jean, *Plotting Women. Gender and Representation in Mexico*, Nueva York, Columbia University, 1989.

Gaos, José, "El sueño de un sueño" en *Historia Mexicana*, n° 10, 1960-1961, pp. 54-71.

Lavrin, Asunción, "Unlike sor Juana?" en *The University of Dayton Review*, vol. 2, n° 2, primavera de 1983, pp. 75-87.

Leiva, Raúl, *Introducción a sor Juana. Sueño y realidad*, México, UNAM, 1975.

Ludmer, Josefina, "Tretas del débil" en Patricia E. González y Eliana Ortega, *La sartén por el mango; Encuentro de escritoras latinoamericanas*, Puerto Rico, Huracán, 1984, pp. 47-54.

Maza, Francisco de la, *Sor Juana Inés de la Cruz ante la historia*, México, UNAM, 1980.

Montross, Constance, "Virtue or Vice? The *Respuesta a sor Filotea* and Thomistic Thought" en *Latin American Literary Review*, vol. IX, n° 17, 1992.

Moraña, Mabel, "Orden dogmático y marginalidad en la "*Carta de Monterrey*" de Sor Juana Inés de la Cruz en *Hispanic Review*, n° 58, 1990, pp. 105-225.

Navarro Tomás, Tomás, "Los versos de sor Juana" en *Los poetas en sus versos; desde Jorge Manrique a García Lorca*, Barcelona, Ariel, 1973, pp. 163-179.

Paz, Octavio, *Sor Juana o Las trampas de la fe*. México, Fondo de Cultura Económica, 1981.

Perelmuter Pérez, Rosa, "La estructura retórica de la *Respuesta a sor Filotea*", en *Hispanic Review*, a. 52, n° 2, 1983, pp. 147-158.

——, "La situación enunciativa del *Primero sueño*" en *Revista Canadiense de Estudios Hispanoamericanos*, vol. IX, n° 1, 1986, pp. 185-191.

Ricard, Robert, *Une poétesse mexicaine du XVII siècle. Sor Juana Inés de la Cruz*, París, Centre de Documentation Universitaire, 1954.

Sabat de Rivers, Georgina, *El "Sueño" de sor Juana Inés de la Cruz: tradiciones literarias y originalidad*, Londres, Támesis, 1977.

——, "Sor Juana: Diálogo de retratos" en *Actas del Tercer Congreso de Hispanistas*, México, 1970, pp. 703-713.

Sánchez Robayna, Andrés, *Para leer "Primero sueño" de sor Juana Inés de la Cruz*, México, Fondo de Cultura Económica, 1991.

Santa Cruz, María Isabel, "Filosofía y feminismo en sor Juana Inés de la Cruz" en Amorós, Celia, coord., *Actas del Seminario Permanente: Feminismo e Ilustración. 1988-1992*, Madrid, Universidad Complutense de Madrid, 1992, pp. 267-289.

Sosa, Marcela B., "Escritura, ficción e ideología en la textualidad dramática de Sor Juana Inés de la Cruz" en *Actas del Coloquio Internacional Letras Coloniales Hispanoamericanas*, Buenos Aires, Asociación Amigos de la Literatura Latinoamericana, 1994, pp. 127-133.

Zanetti, Susana, "Volviendo a *Primero sueño*" en

Actas del Coloquio Internacional Letras Coloniales Hispanoamericanas, Buenos Aires, Asociación Amigos de la Literatura Latinoamericana, 1994, pp. 153-162.

Criterio de esta edición

La obra poética de sor Juana Inés de la Cruz seleccionada procede de la edición de *Inundación Castálida* de Georgina Sabat de Rivers, completada con la proveniente de la edición de las *Obras completas* de Alfonso Méndez Plancarte, de donde se han tomado también la *Respuesta de la poetisa a la muy ilustre Sor Filotea de la Cruz* y la prosificación de *Primero sueño*.

Georgina Sabat de Rivers se halla entregada a la edición crítica de las *Obras completas* de sor Juana, respetando la ordenación de los volúmenes antiguos. Lamentablemente solo hemos podido seguir el primero de ellos, pues los restantes aún están en preparación. Incluso a riesgo de mezclar criterios hemos preferido atender, hasta donde nos fue posible, el orden original, ya que la edición de Méndez Plancarte reordena la producción poética de sor Juana según temas y metros, hecho que impide un acceso claro a las primeras ediciones.

SUSANA ZANETTI

I
Poesía lírica

I.

Poesia lirica

Soneto

*A la excelentísima señora condesa de Paredes,
marquesa de la Laguna, enviándole estos papeles
que su excelencia la pidió y pudo recoger soror Juana
de muchas manos en que estaban, no menos divididos
que escondidos como tesoro, con otros que no cupo
en el tiempo buscarlos ni copiarlos.*[1]

El hijo[2] que la esclava ha concebido,
dice el derecho que le pertenece
al legítimo dueño que obedece
la esclava madre, de quien es nacido.

El que retorna el campo agradecido,
opimo fruto, que obediente ofrece,
es del señor, pues si fecundo crece,
se lo debe al cultivo recibido.

Así, Lisi divina, estos borrones[3]
que hijos del alma son, partos del pecho,
será razón que a ti te restituya;

y no lo impidan sus imperfecciones,
pues vienen a ser tuyos de derecho
los conceptos de un alma que es tan tuya.

Ama y señora mía, besa los pies de vuestra
                            [excelencia,
        su criada
                Juana Inés de la Cruz.

Soneto

Procura desmentir los elogios que a un retrato de la poetisa inscribió la verdad, que llama pasión.[4]

　　Este, que ves, engaño colorido,
que del arte ostentando los primores,
con falsos silogismos de colores
es cauteloso engaño del sentido;
　　éste, en quien la lisonja ha pretendido
excusar de los años los horrores,
y venciendo del tiempo los rigores,
triunfar de la vejez y del olvido:
　　es un vano artificio del cuidado,
es una flor al viento delicada,
es un resguardo inútil para el hado,
　　es una necia diligencia errada,
es un afán caduco y, bien mirado,
es cadáver, es polvo, es sombra, es nada.

Soneto

Resuelve la cuestión de cuál sea pesar más molesto en encontradas correspondencias, amar o aborrecer.[5]

　　Que no me quiera Fabio, al verse amado,
es dolor sin igual en mí sentido;
mas, que me quiera Silvio aborrecido,
es menor mal, mas no menor enfado.
　　¿Qué sufrimiento no estará cansado
si siempre le resuenan al oído,

tras la vana arrogancia de un querido,
el cansado gemir de un desdeñado?
 Si de Silvio me cansa el rendimiento,
a Fabio canso con estar rendida;
si de éste busco el agradecimiento,
 a mí me busca el otro agradecida:
por activa y pasiva es mi tormento,
pues padezco en querer y en ser querida.

Soneto

Prosigue el mismo asunto, y determina que prevalezca la razón contra el gusto.

Al que ingrato me deja, busco amante;[6]
al que amante me sigue, dejo ingrata;
constante adoro a quien mi amor maltrata;
maltrato a quien mi amor busca constante.
 Al que trato de amor, hallo diamante,
y soy diamante al que de amor me trata;
triunfante quiero ver al que me mata,
y mato a quien me quiere ver triunfante.
 Si a éste pago, padece mi deseo;
si ruego a aquél, mi pundonor enojo:
de entrambos modos infeliz me veo.
 Pero yo por mejor partido escojo,
de quien no quiero, ser violento empleo,
que de quien no me quiere, vil despojo.

Soneto

*Continúa el asunto, y aun le expresa
con más viva elegancia.*

Feliciano me adora, y le aborrezco;
Lisardo me aborrece, y yo le adoro;
por quien no me apetece ingrato, lloro,
y al que me llora tierno, no apetezco.

A quien más me desdora, el alma ofrezco;
a quien me ofrece víctimas, desdoro;
desprecio al que enriquece mi decoro,
y al que le hace desprecios, enriquezco.

Si con mi ofensa al uno reconvengo,[7]
me reconviene el otro a mí, ofendido,
y a padecer de todos modos vengo,

pues ambos atormentan mi sentido:
Aquéste con pedir lo que no tengo,
y aquél con no tener lo que le pido.

Soneto

*Enseña cómo un solo empleo en amar
es razón y conveniencia.*

Fabio, en el ser de todos adoradas,
son todas las beldades ambiciosas,
porque tienen las aras por ociosas
si no las ven de víctimas colmadas.

Y así, si de uno solo son amadas,
viven de la fortuna querellosas,

porque piensan que más que ser hermosas,
constituye deidad el ser rogadas.

   Mas yo soy en aquesto tan medida
que en viendo a muchos, mi atención zozobra,
sólo quiero ser correspondida
   de aquél que de mi amor réditos cobra;
porque es la sal del gusto el ser querida,
que daña lo que falta, y lo que sobra.

Soneto

*Quéjase de la suerte: insinúa su aversión a los vicios,
y justifica su divertimiento a las Musas.*

   En perseguirme, mundo, ¿qué interesas?[8]
¿En qué te ofendo, cuando sólo intento
poner bellezas en mi entendimiento,
y no mi entendimiento en las bellezas?

   Yo no estimo tesoros ni riquezas;
y así, siempre me causa más contento
poner riquezas en mi entendimiento,
que no mi entendimiento en las riquezas.

   Yo no estimo hermosura que, vencida,
es despojo civil de las edades,
ni riqueza me agrada fementida,

   teniendo por mejor en mis verdades,
consumir vanidades de la vida[9]
que consumir la vida en vanidades.

Soneto

*Muestra sentir que la baldonen
por los aplausos de su habilidad.*

¿Tan grande, ¡ay hado!, mi delito[10] ha sido
que por castigo de él, o por tormento,
no basta el que adelanta el pensamiento,
sino el que le previenes al oído?

Tan severo en mi contra has procedido
que me persuado de tu duro intento,
a que sólo me diste entendimiento
porque fuese mi daño más crecido.

Dísteme aplausos para más baldones,
subirme hiciste para penas tales;
y aun pienso que me dieron tus traiciones
   penas a mi desdicha desiguales
porque, viéndome rica de tus dones,
nadie tuviese lástima a mis males.

Soneto

*Escoge antes el morir que exponerse
a los ultrajes de la vejez.*[11]

Miró Celia una rosa que en el prado
ostentaba feliz la pompa vana,
y con afeites de carmín y grana
bañaba alegre el rostro delicado;
   y dijo: Goza sin temor del hado
el curso breve de tu edad lozana,

pues no podrá la muerte de mañana
quitarte lo que hubieres hoy gozado.
　Y aunque llega la muerte presurosa
y tu fragrante vida se te aleja,
no sientas el morir tan bella y moza:
　mira que la experiencia te aconseja
que es fortuna morirte siendo hermosa
y no ver el ultraje de ser vieja.

Soneto

Sólo con aguda ingeniosidad esfuerza el dictamen de que sea la ausencia mayor mal que los celos.

El ausente, el celoso, se provoca,
aquél con sentimiento, éste con ira;[12]
presume éste la ofensa que no mira,
y siente aquél la realidad que toca.
　Éste templa, tal vez, su furia loca
cuando el discurso en su favor delira,
y sin intermisión aquél suspira,
pues nada a su dolor la fuerza apoca.
　Éste aflige dudoso su paciencia,
y aquél padece ciertos sus desvelos;
éste al dolor opone resistencia,
　aquél, sin ella, sufre desconsuelos;
y si es pena de daño,[13] al fin, la ausencia,
luego es mayor tormento que los celos.

Romance

Celebra el cumplir años la señora virreina con un retablito de marfil del nacimiento, que envía a su excelencia.

Por no faltar, Lisi[14] bella,
al inmemorial estilo
que es del cortesano culto
el más venerado rito,

que a foja primera manda
que el glorioso natalicio
de los príncipes celebren
obsequiosos regocijos,

te escribo; no porque al culto
de tus abriles floridos,
pueda añadir el afecto
más gloria que hay en sí mismos,

que en la grandeza de tuyos
verá el menos advertido,
que de celebrar tus años,
sólo son tus años dignos,

sino porque ceremonias,
que las aprueba el cariño,
tienen en lo voluntario
vinculado lo preciso,

que cuando apoya el amor
del respecto los motivos,
es voluntad del respecto
el que es del amor oficio.

Rompa, pues, mi amante afecto
las prisiones del retiro,

no siempre tenga el silencio
el estanco de lo fino,
 deje,[15] a tu deidad atento,
en aumentos bien nacidos,
con las torpezas de ciego,
las balbuciencias de niño
 y muestre, pues tiene ser
en tus méritos altivos,
que de padres tan gigantes
no nacen pequeños hijos.
 Y añadiendo lo obstinado
a la culpa de atrevido,
haga bienquista la ofensa
lo garboso del delito;
 y en tan necesaria culpa
encuentre el perdón propicio,
el que no ofende quien yerra,
si yerra sin albedrío.
 Tan sin él, tus bellos rayos
voluntaria Clicie[16] sigo,
que lo que es mérito tuyo
parece destino mío.
 Pero, ¿a dónde enajenada
tanto a mi pasión me rindo,
que acercándome a mi afecto,
del asunto me desvío?
 Retira allá tu belleza
si quieres que cobre el hilo,
que mirándola no puedo
hablar más que en lo que miro.
 Y pues sabes que mi amor,
alquimista de sí mismo,

quiere transmutarse en vida
porque vivas infinito;

y que porque tú corones
a los años con vivirlos,
quisieran anticiparse
todos los futuros siglos;

no tengo qué te decir,
sino que yo no he sabido
para celebrar el tuyo,
más que dar un "natalicio".[17]

Tu nacimiento festejan
tiernos afectos festivos,
y yo en fe de que lo aplaudo,
el "nacimiento" te envío.

Consuélame que ninguno
de los que te dan rendidos
podrá ser mejor que aquéste,
aunque se ostente más rico.

De perdones y de paces
fue aqueste natal divino;
dé perdones y haga paces
el haber hoy tú nacido.

Y guárdete por asombro[18]
quien te formó por prodigio,
y hágate eterna, pues puede,
quien tan bella hacerte quiso.

Décima

*Describe, con énfasis de no poder dar la última mano
a la pintura, el retrato de una belleza.*

Tersa frente, oro el cabello,
cejas arcos, zafir ojos,
bruñida tez, labios rojos,
nariz recta, ebúrneo cuello;
talle airoso, cuerpo bello,
cándidas manos en que
el cetro de amor se ve,
tiene Fili; en oro engasta
pie tan breve, que no gasta
ni un pie.

Romance

*Discurre con ingenuidad ingeniosa sobre la pasión
de los celos. Muestra que su desorden es senda única
para hallar el amor, y contradice un problema
de don Josef Montoro,[19] uno de los más célebres poetas
de este siglo.*

Si es causa amor productivo
de diversidad de afectos,
que con producirlos todos,
se perficiona a sí mesmo;
 y si el uno de los más
naturales son los celos,
¿cómo sin tenerlos puede

el amor estar perfecto?

Son ellos, de que hay amor
el signo más manifiesto,
como la humedad del agua
y como el humo del fuego.

No son, que dicen, de amor
bastardos hijos groseros,
sino legítimos, claros
sucesores de su imperio.

Son crédito y prueba suya
pues sólo pueden dar ellos
auténticos testimonios
de que es amor verdadero.

Porque la fineza,[20] que es
de ordinario el tesorero
a quien remite las pagas
amor, de sus libramientos,

¿cuántas veces, motivada
de otros impulsos diversos,
ejecuta por de amor,
decretos del galanteo?

El cariño, ¿cuántas veces
por dulce entretenimiento
fingiendo quilates, crece
la mitad del justo precio?

¿Y cuántas más, el discurso,
por ostentarse discreto,
acredita por de amor
partos del entendimiento?

¿Cuántas veces hemos visto
disfrazada en rendimientos
a la propria conveniencia,

a la tema[21] o al empeño?
   Sólo los celos ignoran
fábricas de fingimientos
que como son locos,[22] tienen
propriedad de verdaderos.
   Los gritos que ellos dan son
sin dictamen de su dueño,
no ilaciones del discurso,
sino abortos del tormento.
   Como de razón carecen,
carecen del instrumento
de fingir, que aquesto sólo
es en lo irracional, bueno.
   Desbocados ejercitan
contra sí el furor violento,
y no hay quien quiera en su daño
mentir, sino en su provecho.
   Del frenético, que fuera
de su natural acuerdo
se despedaza, no hay quien
juzgue que finge el extremo.
   En prueba de esta verdad
mírense cuantos ejemplos,
en bibliotecas de siglos,
guarda el archivo del tiempo:
   A Dido fingió el troyano,[23]
mintió a Ariadna, Teseo;[24]
ofendió a Minos, Pasife[25]
y engañaba a Marte, Venus[26]
   Semíramis mató a Nino,[27]
Elena deshonró al griego,[28]
Jasón agravió a Medea[29]

y dejó a Olimpia, Vireno.[30]

Bersabé engañaba a Urías,[31]
Dalida al caudillo hebreo,[32]
Jael a Sísara horrible,[33]
Judit a Holofernes fiero.[34]

Éstos y otros que mostraban
tener amor sin tenerlo,
todos fingieron amor,
mas ninguno fingió celos.

Porque aquél puede fingirse
con otro color, mas éstos
son la prueba del amor
y la prueba de sí mesmos.

Si ellos no tienen más padre
que el amor, luego son ellos
sus más naturales hijos
y más legítimos dueños.

Las demás demostraciones,
por más que finas las vemos,
no pueden no mirar a amor
sino a otros varios respectos.

Ellos solos se han con él
como la causa y efecto.
¿Hay celos?, luego hay amor;
¿hay amor?, luego habrá celos.

De la fiebre ardiente suya
son el delirio más cierto,
que, como están sin sentido,
publican lo más secreto.

El que no los siente, amando,
del indicio más pequeño,
en tranquilidad de tibio

goza bonanzas de necio;
   que asegurarse en las dichas
solamente puede hacerlo
la villana confianza
del propio merecimiento.

   Bien sé que, tal vez furiosos,
suelen pasar desatentos
a profanar de lo amado
osadamente el respeto;

   mas no es esto esencia suya,[35]
sino un accidente anexo
que tal vez los acompaña
y tal vez deja de hacerlo.

   Mas doy que siempre aun debiera
el más soberano objeto
por la prueba de lo fino,
perdonarles lo grosero.

   Mas no es, vuelvo a repetir,
preciso, que el pensamiento
pase a ofender del decoro
los sagrados privilegios.

   Para tener celos basta
sólo el temor de tenerlos,
que ya está sintiendo el daño
quien está sintiendo el riesgo.

   Temer yo que haya quien quiera
festejar a quien festejo,
aspirar a mi fortuna
y solicitar mi empleo,

   no es ofender lo que adoro,
antes es un alto aprecio
de pensar que deben todos

adorar lo que yo quiero.
  Y éste es un dolor preciso,
por más que divino el dueño
asegure en confianzas
prerrogativas de exento.
  Decir que éste no es cuidado
que llegue a desasosiego,
podrá decirlo la boca
mas no comprobarlo el pecho.
  Persuadirme a que es lisonja
amar lo que yo apetezco,
aprobarme la elección
y calificar mi empleo;
  a quien tal[36] tiene a lisonja
nunca le falte este obsequio:
que yo juzgo que aquí sólo
son duros los lisonjeros,
  pues sólo fuera a poder
contenerse estos afectos
en la línea del aplauso
o en el coto del cortejo.
  ¿Pero quién con tal medida
les podrá tener el freno
que no rompan, desbocados,
el alacrán[37] del consejo?
  Y aunque ellos en sí no pasen
el término de lo cuerdo,
¿quién lo podrá persuadir
a quien los mira con miedo?
  Aplaudir lo que yo estimo,
bien puede ser sin intento
segundo, ¿mas quién podrá

tener mis temores quedos?

Quien tiene enemigos suelen
decir que no tenga sueño;
¿pues cómo ha de sosegarse
el que los tiene tan ciertos?

Quien en frontera enemiga
descuidado ocupa el lecho,
sólo parece que quiere
ser, del contrario, trofeo.

Aunque inaccesible sea
el blanco, si los flecheros
son muchos, ¿quién asegura
que alguno no tenga acierto?

Quien se alienta a competirme,
aun en menores empeños,
es un dogal que compone
mis ahogos de su aliento;

pues, ¿qué será el que pretende
excederme los afectos,
mejorarme las finezas
y aventajar los deseos;

quien quiere usurpar mis dichas,
quien quiere ganarme el premio
y quien en galas del alma
quiere quedar más bien puesto;

quien para su exaltación
procura mi abatimiento
y quiere comprar sus glorias
a costa de mis desprecios;

quien pretende con los suyos
deslucir mis sentimientos,
que en los desaires del alma

es el más sensible duelo?
 Al que este dolor no llega
al más reservado seno
del alma, apueste insensibles
competencias con el yelo.

 La confianza ha de ser
con proporcionado medio;
que deje de ser modestia,
sin pasar a ser despego.

 El que es discreto, a quien ama
le ha de mostrar que el recelo
lo tiene en la voluntad
y no en el entendimiento.

 Un desconfiar de sí
y un estar siempre temiendo
que podrá exceder al mío
cualquiera mérito ajeno;

 un temer que la fortuna
podrá, con airado ceño,
despojarme por indigno
del favor, que no merezco,

 no sólo no ofende, antes
es el esmalte más bello
que a las joyas de lo fino
les puede dar lo discreto;

 y aunque algo exceda la queja
nunca queda mal, supuesto
que es gala de lo sentido
exceder de lo modesto.

 Lo atrevido en un celoso,
lo irracional y lo terco,
prueba es de amor que merece

la beca de su colegio.[38]

Y aunque muestre que se ofende
yo sé que por allá dentro
no le pesa a la más alta
de mirar tales extremos.

La más airada deidad
al celoso más grosero
le está aceptando servicios
los que riñe atrevimientos.

La que se queja oprimida
del natural más estrecho,
hace ostentación de amada
el que parece lamento.

De la triunfante hermosura
tiran el carro soberbio,
el desdichado con quejas,
y el celoso con despechos.

Uno de sus sacrificios
es este dolor acerbo,
y ella, ambiciosa, no quiere
nunca tener uno menos.

¡Oh doctísimo Montoro,
asombro de nuestros tiempos,
injuria de los Virgilios,[39]
afrenta de los Homeros![40]

Cuando de amor prescindiste[41]
este inseparable afecto,
precisión que sólo pudo
formarla tu entendimiento,

bien se ve que sólo fue
la empresa de tus talentos
el probar lo más difícil,

no persuadir a creerlo.
  Al modo que aquéllos que
sutilmente defendieron
que de la nube los ampos
se visten de color negro,
  de tu sutileza fue
airoso, galán empeño,
sofística bizarría
de tu soberano ingenio.
  Probar lo que no es probable,
bien se ve que fue el intento
tuyo, porque lo evidente
probado se estaba ello.
  Acudistes[42] al partido
que hallastes más indefenso
y a la opinión desvalida
ayudaste, caballero.
  Este fue tu fin; y así
debajo de este supuesto,
no es ésta, ni puede ser,
réplica de tu argumento,
  sino sólo una obediencia
mandada de gusto ajeno,
cuya insinuación en mí
tiene fuerza de precepto.
  Confieso que de mejor
gana siguiera mi genio
el extravagante rumbo
de tu no hollado sendero.
  Pero, sobre ser difícil,
inaccesible lo has hecho;
pues el mayor imposible

fuera ir en tu seguimiento.
  Rumbo que estrenan las alas[43]
de tu remontado vuelo,
aun determinado al daño
no lo intentara un despecho.
  La opinión que yo quería
seguir, seguiste primero;
dísteme celos, y tuve
la contraria con tenerlos.
  Con razón se reservó
tanto asunto a tanto ingenio,
que a fuerzas sólo de Atlante[44]
fía la esfera su peso.
  Tenla pues, que si consigues
persuadirla al Universo,
colgará el género humano
sus cadenas en tu templo;
  no habrá quejosos de amor,
y en sus dulces prisioneros
serán las cadenas oro
y no dorados los hierros;
  será la sospecha inútil,
estará ocioso el recelo
desterrará el indicio
y perderá el ser el miedo.
  Todo será dicha, todo
felicidad y contento,
todo venturas, y en fin
pasará el mundo a ser cielo
  deberánle los mortales
a tu valeroso esfuerzo
la más dulce libertad

del más duro captiverio.
   Mucho te deberán todos,
y yo más que todos debo
las discretas instrucciones
a las luces de tus versos.
   Dalos a la estampa porque
en caracteres eternos
viva tu nombre y con él
se extienda al común provecho.

Liras

*Expresa más afectuosa que con sutil cuidado,
el sentimiento que padece una mujer amante
de su marido muerto.*

A estos peñascos rudos,[45]
mudos testigos del dolor que siento,
que sólo siendo mudos
pudiera yo fiarles mi tormento,
si acaso de mis penas lo terrible
no infunde lengua y voz en lo insensible;
   quiero contar mis males,
si es que yo sé los males de que muero,
pues son mis penas tales
que si contarlas por alivio quiero,
le son una con otra atropellada,
dogal a la garganta, al pecho espada.
   No envidio dicha ajena,
que el mal eterno que en mi pecho lidia
hace incapaz mi pena

de que pueda tener tan alta envidia;
es tan mísero estado en el que peno
que como dicha envidio el mal ajeno.

No pienso yo si hay glorias,
porque estoy de pensarlo tan distante,
que aun las dulces memorias
de mi pasado bien, tan ignorante
las mira de mi mal el desengaño,
que ignoro si fue bien, y sé que es daño.

Esténse allá en su esfera
los dichosos, que es cosa en mi sentido
tan remota, tan fuera
de mi imaginación, que sólo mido
entre lo que padecen los mortales,
lo que distan sus males de mis males.

¡Quién tan dichosa fuera,
que de un agravio indigno se quejara!
¡Quién un desdén llorara!
¡Quién un alto imposible pretendiera!
¡Quién llegara de ausencia u de mudanza
casi a perder de vista la esperanza!

¡Quién en ajenos brazos
viera a su dueño, y con dolor rabioso
se arrancara a pedazos
del pecho ardiente el corazón celoso!
Pues fuera menor mal que mis desvelos
el infierno insufrible de los celos.

Pues todos estos males
tienen consuelo o tienen esperanza,
y los más son iguales,
solicitan o animan la venganza,
y sólo de mi fiero mal se aleja

la esperanza, venganza, alivio y queja.
  Porque, ¿a quién sino al cielo,
que me robó mi dulce prenda amada,
podrá mi desconsuelo
dar sacrílega queja destemplada?
Y él con sordas, rectísimas orejas,
a cuenta de blasfemias, pondrá quejas.
  Ni Fabio fue grosero,
ni ingrato, ni traidor; antes amante
con pecho verdadero:
nadie fue más leal ni más constante,
nadie más fino supo, en sus acciones,
finezas añadir a obligaciones.
  Solo el cielo, envidioso,
mi esposo me quitó; la parca dura,
con ceño riguroso,
fue solo autor de tanta desventura.
¡Oh cielo riguroso! ¡Oh triste suerte
que tantas muertes das con una muerte!
  ¡Ay dulce esposo amado!,
¿para qué te vi yo? ¿Por qué te quise,
y por qué tu cuidado
me hizo con las venturas, infelice?
¡Oh dicha fementida y lisonjera,
quién tus amargos fines conociera!
  ¿Qué vida es esta mía
que rebelde resiste a dolor tanto?
¿Por qué, necia, porfía
y en las amargas fuentes de mi llanto,
atenuada, no acaba de extinguirse
si no puede en mi fuego consumirse?

Romance

*Acusa la hidropesía[46] de mucha ciencia, que teme inútil
aun para saber, y nociva para vivir.*

Finjamos que soy feliz,
triste Pensamiento,[47] un rato:
quizá podréis persuadirme,
aunque yo sé lo contrario:
   que pues sólo en la aprehensión
dicen que estriban los daños,
si os imagináis dichoso,
no seréis tan desdichado.
   Sírvame el entendimiento
alguna vez de descanso,
y no siempre esté el ingenio
con el provecho encontrado.
   Todo el mundo es opiniones[48]
de pareceres tan varios,
que lo que el uno que es negro,
el otro prueba que es blanco.
   A unos sirve de atractivo
lo que otro concibe enfado,
y lo que éste por alivio,
aquél tiene por trabajo.
   El que está triste censura
al alegre de liviano,
y el que está alegre se burla
de ver al triste penando.
   Los dos filósofos griegos[49]
bien esta verdad probaron,
pues lo que en el uno risa,

causaba en el otro llanto.
  Célebre su oposición
ha sido por siglos tantos,
sin que cuál acertó, esté
hasta agora averiguado;
  antes en sus dos banderas
el mundo todo alistado,
conforme el humor le dicta
sigue cada cual el bando.
  Uno dice que de risa
sólo es digno el mundo vario;
y otro que sus infortunios
son sólo para llorados.
  Para todo se halla prueba[50]
y razón en qué fundarlo,
y no hay razón para nada,
de haber razón para tanto.
  Todos son iguales jueces,
y siendo iguales y varios,
no hay quien pueda decidir
cuál es lo más acertado.
  Pues si no hay quien lo sentencie,
¿por qué pensáis, vos, errado,
que os cometió Dios a vos
la decisión de los casos?
  ¿O por qué, contra vos mismo,
severamente inhumano,
entre lo amargo y lo dulce,
queréis elegir lo amargo?
  Si es mío mi entendimiento,
¿por qué siempre he de encontrarlo
tan torpe para el alivio,

tan agudo para el daño?

El discurso es un acero
que sirve por ambos cabos:
de dar muerte, por la punta,
por el pomo, de resguardo.

Si vos, sabiendo el peligro,
queréis por la punta usarlo,
¿qué culpa tiene el acero,
del mal uso de la mano?

No es saber, saber hacer
discursos sutiles, vanos;
que el saber consiste sólo
en elegir lo más sano.

Especular las desdichas
y examinar los presagios,
sólo sirve de que el mal
crezca con anticiparlo.

En los trabajos futuros,
la atención sutilizando,
más formidable que el riesgo,
suele fingir el amago.

¡Qué feliz es la ignorancia[51]
del que, indoctamente sabio,
halla de lo que padece,
en lo que ignora, sagrado!

No siempre suben seguros,[52]
vuelos del ingenio osados
que buscan trono en el fuego
y hallan sepulcro en el llanto.

También es vicio el saber,
que si no se va atajando,
cuanto menos se conoce,

es más nocivo el estrago,
y si el vuelo no le abaten
en sutilezas cebado,
por cuidar de lo curioso,
olvida lo necesario.

Si culta mano no impide
crecer al árbol copado,
quitan la substancia al fruto
la locura de los ramos.

Si andar a nave ligera
no estorba lastre pesado,
sirve el vuelo de que sea
el precipicio más alto.

En amenidad inútil,
¿qué importa al florido campo
si no halla fruto el otoño,
que ostente flores el mayo?

¿De qué le sirve al ingenio
el producir muchos partos,
si a la multitud se sigue
el malogro de abortarlos?

Y a esta desdicha, por fuerza
ha de seguirse el fracaso
de quedar el que produce,
si no muerto, lastimado.

El ingenio es como el fuego
que, con la materia ingrato,
tanto la consume más,
cuanto él se ostenta más claro.

Es de su proprio señor
tan rebelado vasallo,
que convierte en sus ofensas

las armas de su resguardo.
 Este pésimo ejercicio,
este duro afán pesado,
a los hijos de los hombres
dio Dios para ejercitarlos.
 ¿Qué loca ambición nos lleva
de nosotros olvidados?
¿Si es para vivir tan poco,
de qué sirve saber tanto?
 ¡Oh, si como hay de saber,
hubiera algún seminario
escuela donde a ignorar
se enseñaran los trabajos!
 ¡Qué felizmente viviera
el que flojamente cauto
burlara las amenazas
del influjo de los astros!
 Aprendamos a ignorar,
Pensamiento, pues hallamos
que cuanto añado al discurso
tanto le usurpo a los años.

Ovillejos[53]

*Pinta en jocoso numen, igual con el tan célebre
de Jacinto Polo,[54] una belleza.*

El pintar de Lisarda[55] la belleza,
en que a sí se excedió naturaleza,
con un estilo llano,
se me viene a la pluma y a la mano.

Y cierto que es locura
el querer retratar yo su hermosura
sin haber en mi vida dibujado,
ni saber qué es azul o colorado,
qué es regla, qué es pincel, obscuro o claro,
aparejo, retoque ni reparo.
El diablo me ha metido en ser pintora;
dejémoslo, mi musa, por ahora,
a quien sepa el oficio;
mas esta tentación me quita el juicio
y sin dejarme pizca,
ya no sólo me tienta, me pellizca,
me cozca[56] me hormiguea,
me punza, me rempuja y me aporrea.
Yo tengo de pintar, dé donde diere,
salga como saliere,
aunque saque un retrato
tal, que después le ponga: aquéste es gato.
Pues no soy la primera
que con hurtos de sol y primavera
echa, con mil primores,
una mujer en enfusión de flores;
y después que muy bien alambicada
sacan una belleza destilada,
cuando el hervor se entibia,
pensaban que es rosada, y es endibia.[57]
Mas no pienso robar yo sus colores;
descansen, por aquesta vez las flores,
que no quiere mi musa ni se mete
en hacer su hermosura ramillete.
¿Mas con qué he de pintar, si ya la vena
no se tiene por buena,

si no forma, hortelana en sus colores,
un gran cuadro de flores?
¡Oh siglo desdichado y desvalido
en que todo lo hallamos ya servido!
Pues que no hay voz, equívoco ni frase
que por común no pase
y digan los censores:
¿Eso?, ¡ya lo pensaron los mayores!
¡Dichosos los antiguos que tuvieron
sus conceptos de albores,
de luces, de reflejos y de flores!,
que entonces era el sol, nuevo, flamante,
y andaba tan valido lo brillante
que el decir que el cabello era un tesoro,
valía otro tanto oro.
Pues las estrellas, con sus rayos rojos,
cuando eran celebradas:
oh dulces luces por mi mal halladas,[58]
dulces y alegres cuando Dios quería;
pues ya no os puede usar la musa mía
sin que diga, severo, algún letrado
que Garcilaso está muy maltratado
y en lugar indecente;
mas si no es a su musa competente
y le ha de dar enojo semejante,
quite aquellos dos versos, y adelante.
Digo, pues, que el coral entre los sabios[59]
se estaba con la grana aún en los labios,
y las perlas con nítidos orientes
andaban enseñándose a ser dientes;
y alegaba la concha, no muy loca,
que si ellas dientes son, ella es la boca;

y así entonces, no hay duda,
empezó la belleza a ser conchuda,⁶⁰
Pues las piedras (¡ay Dios, y qué riqueza!)
era una platería, una belleza,
que llevaba por dote en sus facciones
más de treinta millones.
Esto sí era hacer versos descansado;
y no en aqueste siglo desdichado
y de tal desventura,
que está ya tan cansada la hermosura
de verse en los planteles
de azucenas, de rosas y claveles,
ya del tiempo marchitos,
recogiendo humedades y mosquitos,
que con enfado extraño
quisiera más un saco de ermitaño.
Y así andan los poetas desvalidos,⁶¹
achicando antiguallas de vestidos,
y tal vez sin mancilla,
lo que es jubón ajustan a ropilla,
o hacen de unos centones
de remiendos diversos, los calzones,
y nos quieren vender por extremada,
una belleza rota, y remendada.
¿Pues qué es ver las metáforas cansadas
en que han dado las musas alcanzadas?⁶²
No hay ciencia, arte ni oficio,
que con extraño vicio,
los poetas, con vana sutileza
no anden acomodando a la belleza,
y pensando que pintan de los cielos
hacen unos retablos de sus duelos.

Pero diránme ahora
que quién a mí me mete en ser censora,
que de lo que no entiendo es grave exceso;
pero yo les respondo, que por eso,
que siempre el que censura y contradice
es quien menos entiende lo que dice.
Mas si alguno se irrita,
murmúreme también, ¿quién se lo quita?
No haya miedo que en eso me fatigue
ni que a ninguno obligue
a que encargue su alma,
ténganla en su palma[63]
y haga lo que quisiere,
pues su sudor le cuesta al que leyere.
Y si ha de disgustarse con leello,
vénguense del trabajo con mordello,
y allá me las den todas
pues yo no me he de hallar en esas bodas.
¿Ven?, pues esto de bodas es constante[64]
que lo dije por sólo el consonante;
si alguno halla otra voz que más expresa
yo le doy mi poder y quíteme ésa.
Mas volviendo a mi arenga comenzada,
¡válgate por Lisarda retratada,
y qué difícil eres![65]
No es mala propiedad en las mujeres.
Mas ya lo prometí, cumplillo es fuerza,
aunque las manos tuerza,
a acaballo me obligo;
pues tomo bien la pluma, y ¡Dios conmigo!
Vaya pues de retrato;
denme un "Dios te socorra" de barato.[66]

¡Ay!, con toda la trampa
que una musa de la hampa
a quien ayuda tan propicio Apolo,
se haya rozado con Jacinto Polo
en aquel conceptillo desdichado,
¡y pensarán que es robo muy pensado!
Es, pues, Lisarda, es pues, ¡ay Dios, qué
aprieto!
No sé quién es Lisarda, les prometo;
que mi atención sencilla,
pintarla prometió, no definilla.
Digo pues, ¡oh qué *pueses* tan soezes!;
todo el papel he de llenar de *pueses*.
¡Jesús, qué mal empiezo!
Principio iba a decir, ya lo confieso,
y acordéme al instante
que *principio* no tiene consonante;
perdonen, que esta mengua
es de que no me ayuda bien la lengua.
¡Jesús!, y qué cansados
estarán de esperar desesperados
los tales mis oyentes;
mas si esperar no gustan impacientes
y juzgaren que es largo y que es pesado,
vayan con Dios, que ya eso se ha acabado;
que quedándome sola y retirada,
mi borrador haré más descansada.
Por el cabello empiezo, esténse quedos,
que hay aquí que pintar muchos enredos;
no hallo comparación que bien les cuadre:
¡que para poco me parió mi madre!
¿Rayos del sol? Ya aqueso se ha pasado,

la pregmática[67] nueva lo ha quitado.
¿Cuerda de arco de amor, en dulce trance?;
eso es llamarlo cerda, en buen romance.
¡Qué linda ocasión era
de tomar la ocasión por la mollera!
Pero aquesa ocasión ya se ha pasado,[68]
y calva está de haberla repelado.
Y así en su calva lisa
su cabellera irá también postiza,
y el que llega a cogella,
se queda con el pelo y no con ella;
y en fin después de tanto dar en ello,
¿qué tenemos, mi musa, de cabello?
El de Absalón[69] viniera aquí nacido,
por tener mi discurso suspendido;
mas no quiero meterme yo en hondura,
ni en hacerme que entiendo de Escritura.
En ser cabello de Lisarda quede
que es lo que encarecerse más se puede,
y bájese a la frente mi reparo;
gracias a Dios que salgo hacia lo claro,
que me pude perder en su espesura,
si no saliera por la comisura.
Tendrá, pues, la tal frente,
una caballería largamente,
según está de limpia y despejada;
y si temen por esto verla arada,
pierdan ese recelo,
que estas caballerías son del cielo.
¿Qué apostamos que ahora piensan todos,
que he perdido los modos
del estilo burlesco,

pues que ya por los cielos encarezco?
Pues no fue ese mi intento,
que yo no me acordé del firmamento,
porque mi estilo llano,
se tiene acá otros cielos más a mano;
que a ninguna belleza se le veda
el que tener dos cielos juntos pueda.
¿Y cómo? Uno en su boca, otro en la frente,
¡por Dios que lo he enmendado lindamente!
Las cejas son, ¿agora diré arcos?
No, que es su consonante luego zarcos,
y si yo pinto zarca su hermosura,
dará Lisarda al diablo la pintura
y me dirá que sólo algún demonio
levantara tan falso testimonio.
Pues yo lo he de decir, y en esto agora
conozco que del todo soy pintora,
que mentir de un retrato en los primores,
es el último examen de pintores.
En fin, ya con ser arcos se han salido;[70]
mas, ¿qué piensan que digo de Cupido
o el que es la paz del día?
Pues no son sino de una cañería
por donde encaña el agua a sus enojos;
por más señas, que tiene allí dos ojos.
¿Esto quién lo ha pensado?
¿Me dirán que esto es viejo y es trillado?
Mas ya que los nombré, fuerza es pintallos,
aunque no tope verso en qué colgallos;
¡nunca yo los mentara
que quizás al lector se le olvidara!
Empiezo a pintar pues; nadie se ría

de ver que titubea mi Talía,[71]
que no es hacer buñuelos,
pues tienen su pimienta los ojuelos;
y no hallo, en mi conciencia,
comparación que tenga conveniencia
con tantos arreboles.
¡Jesús!, ¿no estuve en un tris de decir soles?
¡Qué grande barbarismo!
Apolo me defienda de sí mismo,
que a los que son de luces sus pecados,
los veo condenar de alucinados;
y temerosa yo, viendo su arrojo,
trato de echar mis luces en remojo.
Tentación solariega en mí es extraña;
¡que se vaya a tentar a la montaña!
En fin, yo no hallo símil competente
por más que doy palmadas en la frente
y las uñas me como;
¿dónde el *viste* estará y el *así como*,
que siempre tan activos
se andan a principiar comparativos?
Mas, ¡ay!, que donde *vistes* hubo antaño,[72]
no hay *así como* hogaño.
Pues váyanse sin ellos muy serenos,
que no por eso dejan de ser buenos
y de ser manantial de perfecciones,
que no todo ha de ser comparaciones,
y ojos de una beldad tan peregrina,
razón es ya que salgan de madrina,[73]
pues a sus niñas fuera hacer ultraje
querer tenerlas siempre en pupilaje.
En fin, nada les cuadra, que es locura[74]

al círculo buscar la cuadradura.
Síguese la nariz, y es tan seguida,
que ya quedó con esto definida;
que hay nariz tortizosa,⁷⁵ tan tremenda,
que no hay geómetra alguno que la entienda.
Pásome a las mejillas,
y aunque es su consonante maravillas,
no las quiero yo hacer predicadores
que digan: "Aprended de mí", a las flores;⁷⁶
mas si he de confesarles mi pecado
algo el carmín y grana me ha tentado,
mas agora ponérsela no quiero;
si ella la quiere, gaste su dinero
que es grande bobería
el quererla afeitar a costa mía.⁷⁷
Ellas, en fin, aunque parecen rosa,
lo cierto es que son carne y no otra cosa.
¡Válgame Dios, lo que se sigue agora!
Haciéndome está cocos⁷⁸ el Aurora
por ver si la comparo con su boca,
y el oriente con perlas me provoca,
pero no hay que mirarme,
que ni una sed⁷⁹ de oriente ha de costarme.
Es, en efecto, de color tan fina,
que parece bocado de cecina;⁸⁰
y no he dicho muy mal, pues de salada,
dicen que se le ha puesto colorada.
¿Ven como sé hacer comparaciones
muy proprias en algunas ocasiones?
Y es que donde no piensa el que es más vivo,
salta el comparativo;
y si alguno dijere que es grosera

una comparación de esta manera,
respóndame la musa más ufana:
¿es mejor el gusano de la grana,
o el clavel, que si el gusto los apura,
hará echar las entrañas su amargura?
Con todo, numen mío,
aquesto de la boca va muy frío
yo digo mi pecado,
ya está el pincel cansado;
pero pues tengo ya frialdad tanta,
gastemos esta nieve en la garganta,
que la tiene tan blanca y tan helada,
que le sale la voz garapiñada.
Mas por sus pasos, yendo a paso llano,
se me vienen las manos a la mano:[81]
aquí habré menester grande cuidado,
que ya toda la nieve se ha gastado,
y para la blancura que atesora,
no me ha quedado ni una cantimplora;
y fue la causa de esto
que como iba sin sal, se gastó presto.
Mas, puesto que pintarla solicito,
¡por la Virgen!, que esperen un tantito,
mientras la pluma tajo
y me alivio un poquito del trabajo;
y por decir verdad, mientras suspensa
mi imaginación piensa
algún concepto que a sus manos venga.
¡Oh si Lisarda se llamara Menga!
¡Qué equívoco tan lindo me ocurría,
que sólo por el nombre se me enfría!
Ello, fui desgraciada

en estar ya Lisarda baptizada.
Acabemos, que el tiempo nunca sobra;
a las manos, y manos a la obra.
Empiezo por la diestra
que, aunque no es menos bella la siniestra,
a la pintura, es llano,[82]
que se le ha de asentar la primer mano.
Es, pues, blanca y hermosa con exceso,
porque es de carne y hueso,
no de marfil ni plata, que es quimera
que a una estatua servir sólo pudiera;
y con esto, aunque es bella,
sabe su dueño[83] bien servirse de ella,
y la estima bizarra,
más que no porque luce, porque agarra;
pues no le queda en fuga la siniestra,
porque aunque no es tan diestra
y es algo menos en su ligereza,
no tiene un dedo menos de belleza.[84]
Aquí viene rodada
una comparación acomodada;
porque no hay duda, es llano,
que es la una mano como la otra mano.
Y si alguno dijere que es friolera
el querer comparar de esta manera,
respondo a su censura
que el tal no sabe lo que se mormura,
pues pudiera muy bien naturaleza
haber sacado manca esta belleza,
que yo he visto bellezas muy hamponas,[85]
que si mancas no son, son mancarronas.
Ahora falta a mi musa la estrechura

de pintar la cintura;
en ella he de gastar poco capricho,
pues con decirlo breve, se está dicho:
porque ella es tan delgada,
que en una línea queda ya pintada.
El pie yo no lo he visto, y fuera engaño[86]
retratar el tamaño,
ni mi musa sus puntos considera
porque no es zapatera;
pero según airoso el cuerpo mueve,
debe el pie de ser breve,
pues que es, nadie ha ignorado,
el pie de arte mayor, largo y pesado;
y si en cuenta ha de entrar la vestidura,
que ya es el traje parte en la hermosura,
"el hasta aquí" del garbo y de la gala
a la suya no iguala,
de fiesta u de revuelta,
porque está bien prendida y más bien suelta.
Un adorno garboso y no afectado,
que parece descuido y es cuidado;
un aire con que arrastra la tal niña
con aseado desprecio la basquiña,
en que se van pegando
las almas entre el polvo que va hollando.
Un arrojar el pelo por un lado,
como que la congoja por copado,
y al arrojar el pelo,
descubrir un: ¡por tanto digo "cielo",[87]
quebrantando la ley!, mas ¿qué importara
que yo la quebrantara?
A nadie cause escándalo ni espanto,

pues no es la ley de Dios la que quebranto;
y con tanto, si a ucedes les parece,
será razón que ya el retrato cese,
que no quiero cansarme,
pues ni aun el costo de él han de pagarme;
veinte años de cumplir en mayo acaba:
Juana Inés de la Cruz la retrataba.

Redondillas

Arguye de inconsecuentes el gusto y la censura de los hombres, que en las mujeres acusan lo que causan.[88]

    Hombres necios que acusáis
a la mujer sin razón,
sin ver que sois la ocasión,
de lo mismo que culpáis:
    si, con ansia sin igual
solicitáis su desdén,
¿por qué queréis que obren bien,
si las incitáis al mal?
    Combatís su resistencia,
y luego, con gravedad,
decís que fue liviandad
lo que hizo la diligencia.
    Parecer quiere el denuedo
de vuestro parecer loco,
al niño que pone el coco[89]
y luego le tiene miedo.
    Queréis, con presunción necia,

hallar a la que buscáis,
para pretendida, Taïs,⁹⁰
y en la posesión, Lucrecia.⁹¹

¿Qué humor puede ser más raro
que el que falto de consejo,
él mismo empaña el espejo,
y siente que no esté claro?

Con el favor y el desdén
tenéis condición igual,
quejándoos, si os tratan mal,
burlándoos, si os quieren bien.

Opinión ninguna gana,
pues la que más se recata,
si no os admite, es ingrata,
y si os admite, es liviana.

Siempre tan necios andáis
que, con desigual nivel,
a una culpáis por crüel,
y a otra por fácil culpáis.

¿Pues cómo ha de estar templada
la que vuestro amor pretende,
si la que es ingrata, ofende,
y la que es fácil, enfada?

Mas entre el enfado y pena
que vuestro gusto refiere,
bien haya la que no os quiere,
y quejaos en hora buena.

Dan vuestras amantes penas
a sus libertades, alas,
y después de hacerlas malas,
las queréis hallar muy buenas.

¿Cuál mayor culpa ha tenido

en una pasión errada,
la que cae de rogada,
o el que ruega de caído?

¿O cuál es más de culpar,
aunque cualquiera mal haga,
la que peca por la paga,
o el que paga por pecar?

¿Pues para qué os espantáis
de la culpa que tenéis?
Queredlas cual las hacéis,
o hacedlas cual las buscáis.

Dejad de solicitar,
y después, con más razón,
acusaréis la afición
de la que os fuere a rogar.

Bien con muchas armas fundo
que lidia vuestra arrogancia,
pues en promesa e instancia,
juntáis diablo, carne y mundo.[92]

Soneto

A la muerte de la marquesa de Mancera.

Bello compuesto en Laura[93] dividido,[94]
alma inmortal, espíritu glorioso,
¿por qué dejaste cuerpo tan hermoso
y para qué tal alma has despedido?

Pero ya ha penetrado mi sentido
que sufres el divorcio riguroso
porque el día final[95] puedas, gozoso,

volver a ser eternamente unido.
   Alcanza tú, alma dichosa, el presto vuelo,
y, de tu hermosa cárcel desatada,
dejando vuelto su arrebol en yelo,
   sube a ser de luceros coronada:
que bien es necesario todo el cielo
para que no eches menos tu morada.[96]

Soneto

*Encarece de animosidad la elección de estado
durable hasta la muerte.*

   Si los riesgos del mar considerara,
ninguno se embarcara, si antes viera
bien su peligro, nadie se atreviera,
ni al bravo toro osado provocara;
   si del fogoso bruto ponderara
la furia desbocada en la carrera
el jinete prudente, nunca hubiera
quien con discreta mano le enfrenara.
   Pero si hubiera alguno tan osado[97]
que, no obstante el peligro, al mismo Apolo
quisiere gobernar con atrevida
   mano el rápido carro en luz bañado,
todo lo hiciera; y no tomara sólo
estado que ha de ser toda la vida.[98]

Décimas

*Esmera su respectoso amor; habla con el retrato,
y no calla con él, dos veces dueño.*[99]

Copia divina en quien veo
desvanecido[100] al pincel,
de ver que ha llegado él
donde no pudo el deseo;
alto, soberano empleo
de más que humano talento,
exenta de atrevimiento,
pues tu beldad increíble,
como excede a lo posible,
no la alcanza el pensamiento.

¿Qué pincel tan soberano
fue a copiarte suficiente?
¿Qué numen movió la mente?
¿Qué virtud rigió la mano?
No se alabe el arte vano
que te formó peregrino;
pues en tu beldad convino
para formar un portento,[101]
fuese humano el instrumento,
pero el impulso, divino.

Tan espíritu te admiro,
que cuando deidad te creo,
hallo el alma que no veo,
y dudo el cuerpo que miro;
todo el discurso retiro,

admirada en tu beldad
que muestra con realidad,
dejando el sentido en calma,
que puede copiarse el alma,
que es visible la deidad.

Mirando perfección tal
cual la que en ti llego a ver,
apenas puedo creer
que puedes tener igual;
y a no haber original
de cuya perfección rara
la que hay en ti se copiara,
perdida por tu afición,
segundo Pigmaleón,[102]
la animación te impetrara.

Toco, por ver si escondido
lo viviente en ti parece;
¿posible es que de él carece
quien roba todo el sentido?
¿Posible es que no ha sentido
esta mano que le toca
y a que atiendas te provoca
a mis rendidos despojos?,
¿que no hay luz en esos ojos?,
¿que no hay voz en esa boca?

Bien puedo formar querella
cuando me dejas en calma,
de que me robas el alma
y no te animas con ella;

y cuando altivo atropella
tu rigor, mi rendimiento,
apurando el sufrimiento,
tanto tu piedad se aleja,
que se me pierde la queja
y se me logra el tormento.

 Tal vez pienso que, piadoso,
respondes a mi afición;
y otras teme el corazón
que te esquivas, desdeñoso.
Ya alienta el pecho, dichoso,
ya infeliz al rigor, muere,
pero, como quiera, adquiere
la dicha de poseer,
porque al fin en mi poder
serás lo que yo quisiere.

 Y aunque ostentes el rigor
de tu original fiel,
a mí me ha dado el pincel,
lo que no puede el amor.
Dichosa vivo al favor
que me ofrece un bronce frío,
pues aunque muestres desvío,
podrás, cuando más terrible,
decir que eres imposible,
pero no que no eres mío.

Romance

*Debió la austeridad de acusarla tal vez el metro; y
satisface, con el poco tiempo que empleaba en escribir a
la señora virreina, las Pascuas.*

Daros las Pascuas, señora,
es en mi gusto y es deuda:
el gusto, de parte mía;
y la deuda, de la vuestra.
   Y así, pese a quien pesare[103]
escribo, que es cosa recia,
no importando que haya a quien
le pese lo que no pesa.
   Y bien mirado, señora,
decid, ¿no es impertinencia
querer pasar malos días
porque yo os dé noches buenas?
   Si yo he de daros las Pascuas,
¿qué viene a importar que sea
en verso o en prosa, o con
estas palabras o aquéllas?
   Y más cuando en esto corre
el discurso tan apriesa,
que no se tarda la pluma
más que pudiera la lengua.
   Si es malo, yo no lo sé;
sé que nací tan poeta,
que azotada, como Ovidio,[104]
suenan en metro mis quejas.
   Pero dejemos aquesto,
que yo no sé cuál idea

me llevó, insensiblemente,
hacia donde non debiera.

   Adorado dueño mío,
de mi amor divina esfera,
objeto de mis discursos,
suspensión de mis potencias;
   excelsa, clara María,
cuya sin igual belleza
sólo deja competirse
de vuestro valor y prendas:
   tengáis muy felices Pascuas,
que aunque es frase vulgar ésta,
¿quién quita que pueda haber
vulgaridades discretas?;
   que yo para vos no estudio,
porque de amor la llaneza
siempre se explica mejor
con lo que menos se piensa.
   Y dádselas de mi parte,
gran señora, a su excelencia,
que si no sus pies, humilde,
beso la que pisan tierra.
   Y al bellísimo Josef
con amor y reverencia
beso las dos, en que estriba,
inferiores azucenas.
   Y a vos beso del zapato[105]
la más inmediata suela,
que con este punto en boca
solo, callaré contenta.

Soneto

No quiere pasar por olvido lo descuidado.[106]

    Dices que yo te olvido, Celio, y mientes
en decir que me acuerdo de olvidarte,
pues no hay en mi memoria alguna parte
en que, aun como olvidado, te presentes.
    Mis pensamientos son tan diferentes
y en todo tan ajenos de tratarte,
que ni saben si pueden olvidarte,
ni, si te olvidan, saben si lo sientes:
    si tú fueras capaz de ser querido
fueras capaz de olvido; y ya era gloria,
al menos, la potencia de haber sido;
    mas tan lejos estás de esa victoria
que aqueste no acordarme no es olvido
sino una negación de la memoria.

Soneto

*Sin perder los mismos consonantes, contradice
con la verdad, aun más ingeniosa, su hipérbole.*

    Dices que no te acuerdas, Clori, y mientes
en decir que te olvidas de olvidarte
pues das ya en tu memoria alguna parte
en que, por olvidado, me presentes.
    Si son tus pensamientos diferentes
de los de Albiro, dejarás tratarte,
pues tú misma pretendes agraviarte

con querer persuadir lo que no sientes.
 Niégasme ser capaz de ser querido,
y tú misma concedes esa gloria,
con que en tu contra tu argumento ha sido;
 pues si para alcanzar tanta victoria
te acuerdas de olvidarte del olvido,
ya no das negación en tu memoria.

Romance

Pinta la proporción hermosa de la excelentísima señora condesa de Paredes, con otra de cuidados, elegantes esdrújulos, que aún le remite desde Méjico a su excelencia.[107]

 Lámina sirva el cielo al retrato,
Lísida, de tu angélica forma;
cálamos[108] forme el sol de sus luces,
sílabas las estrellas compongan.
 Cárceles tu madeja[109] fabrica:
dédalo que sutilmente forma
vínculos de dorados ofires,[110]
tíbares de prisiones gustosas.
 Hécate,[111] no triforme, mas llena,
pródiga de candores asoma,
trémula no en tu frente se oculta,
fúlgida su esplendor desemboza.
 Círculo dividido en dos arcos,[112]
pérsica forman lid belicosa:
áspides que por flechas disparas,
víboras de halagüeña ponzoña.

Lámparas, tus dos ojos, febeas,
súbitos resplandores arrojan;
pólvora que a las almas que llega,
tórridas abrasadas transforma.
Límite, de una y otra luz pura,
último, tu nariz judiciosa,[113]
árbitro es entre dos confinantes,
máquina que divide una y otra.
Cátedras del abril, tus mejillas,
clásicas, dan a mayo, estudiosas,
método a jazmines nevados,[114]
fórmula rubicunda a las rosas.
Lágrimas del aurora congela,[115]
búcaro de fragancias, tu boca;
rúbrica con carmines escrita,
cláusula de coral y de aljófar.
Cóncavo es, breve pira, en la barba,
pórfido[116] en que las almas reposan;
túmulo les eriges de luces,
bóveda de luceros las honra.
Tránsito a los jardines de Venus,[117]
órgano es de marfil, en canora
música, tu garganta, que en dulces
éxtasis aun al viento aprisiona.
Pámpanos de cristal y de nieve,
cándidos tus dos brazos, provocan[118]
tántalos, los deseos ayunos,
míseros, sienten frutas y ondas.
Dátiles de alabastro tus dedos,
fértiles de tus dos palmas brotan,
frígidos si los ojos los miran,
cálidos si las almas los tocan.

Bósforo de estrechez tu cintura,[119]
cíngulo[120] ciñe breve por zona,
rígida (si de seda) clausura
músculos nos oculta, ambiciosa.
Cúmulo de primores, tu talle,
dóricas esculturas asombra,
jónicos lineamientos desprecia
émula su labor de sí propria.
Móviles pequeñeces tus plantas,[121]
sólidos pavimentos ignoran;
mágicos que, a los vientos que pisan
tósigos de beldad inficionan.
Plátano, tu gentil estatura,
flámula es que a los aires tremola
ágiles movimientos, que esparcen
bálsamo de fragantes aromas.
Índices de tu rara hermosura
rústicas estas líneas son cortas;
cítara solamente de Apolo,
méritos cante tuyos, sonora.

Villancico de la ensaladilla[122]

A los plausibles festejos
que a su fundador Nolasco[123]
la redentora familia
publica en justos aplausos,
un negro que entró en la iglesia,
de su grandeza admirado,
por regocijar la fiesta
cantó al son de un calabazo.[124]

Porto-Rico.[125] *Estribillo*
¡Tumba, la, la, la, tumba, la, le, le,
que donde ya Pilico, escraba no quede!
¡Tumba, tumba, la, le, le, tumba, la, la, la
que donde ya Pilico, no quede esclava!

Coplas
Hoy dici que en las Melcede
estos Parre Mercenaria
hace una fiesta a su palre,
¿qué fiesta?, ¡como su cala!
Eya dici que redimi,
cosa palece encantala,
poro que yo la oblaje vivo,
y las Parre no mi saca.
La otra noche con mi conga[126]
turo sin durmí pensaba,
que no quiele gente plieta,
como eya so gente branca.
Sola saca la pañole,
pues, Dioso, ¡mila la trampa,
que aunque neglo, gente somo,
aunque nos dici cabaya!
Mas, ¿qué digo, Dioso mío?
Los demoño, que me engaña
pala que esé mulmulando
a esa Redentola santa.
El santo me lo perrone,
que so una malo hablala,
que aunque padezca la cuepo,
en ese libla las alma.
Tumba, la, le, le, etc.

Prosigue la Ensaladilla

    Siguióse un estudiantón,
    de bachiller afectado,
    que escogiera antes ser mudo
    que parlar en castellano.
    Y así, brotando latín
    y de docto reventando,
    a un barbado que encontró
    disparó estos latinajos:

Diálogo[127]

    Estudiante. *Hodie Nolascus divinus*
                   in Cœlis est collocatus.
    Hombre.   Yo no tengo asco del vino,
                   que antes muero por tragarlo.
    Estudiante. *Uno mortuo Redemptore,*
                   Alter est redemptor natus.
    Hombre.   Yo natas buenas bien como
                   mas no he visto buenos natos.
    Estudiante. *Omnibus fuit Salvatoris*
                   ista perfectior imago.
    Hombre.   Mago no soy, voto a tal,
                   que en mi vida lo he estudiado.
    Estudiante. *Amice, tace nam ego*
                   non utor sermone hispano.
    Hombre.   ¿Que te aniegas en sermones?
                   Pues no vengas a escucharlos.
    Estudiante. *Nescio quid nunc mihi dicis*
                   ne quid vis dicere capio.
    Hombre.   Necio será él y su alma,
                   que yo soy un hombre honrado.

Prosigue la Introducción

    Púsolos en paz un indio,
    que cayendo y levantando,
    tomaba con la cabeza
    la medida de los pasos;
    el cual en una guitarra
    con ecos desentonados,
    cantó un tocotín mestizo
    de español y mexicano.

Tocotín[128]

    Los Padres bendito
    tiene ô Redentor,
    amo nic neltoca[129]
    quimati no Dios.
    Solo Dios *Piltzintli*[130]
    del cielo bajó,
    y nuestro *tlatlacol*[131]
    nos lo perdonó.
    Pero estos *teopixqui*[132]
    dice en so sermón,
    que este san Nolasco
    miechtin[133] compró.
    Yo al santo lo tengo
    mucha devoción
    y de *Sempual xuchil*[134]
    un xuchil, le doy.
    Yéhuatl[135] so persona
    dis que se quedó
    con los perro moro
    ipamce[136] ocasión.
    Mati[137] Dios, si allí

lo estoviera yo,
censontle[138] matara
con un mojicón.
Y nadie lo piense
lo hablo sin razón,
cani panadero,[139]
de mocha opinión
Huel ni machlcahuac,[140]
no soy hablador,
no teco qui mati,[141]
que soy valentón.
Se no compañero[142]
lo desafió,
y con *se* poñete[143]
allí se cayó.
También un *topil*[144]
del gobernador,
caipampa[145] tributo
prenderme mandó.
Mas yo con un *cuahuil*
un palo lo dio,
ipam i sonteco[147]
no se si murió.
Y quiero comprar
un san redentor,
yuhqui[148] el del altar
con so bendición.

Romance

Que resuelve con ingenuidad sobre problema entre las instancias de la obligación y el afecto.[149]

Supuesto, discurso mío,[150]
que gozáis en todo el orbe,
entre aplausos de entendido,
de agudo veneraciones,

mostradlo, en el duro empeño
en que mis ansias os ponen,
dando salida a mis dudas,
dando aliento a mis temores.

Empeño vuestro es el mío;
mirad que será desorden
ser en causa ajena, agudo,
y en la vuestra propia, torpe.

Ved que es querer que las causas
con efectos desconformes,
nieves el fuego congele,
que la nieve llamas brote.

Manda la razón de estado[151]
que, atendiendo a obligaciones,
las partes de Fabio olvide,
las prendas de Silvio adore;

o que, al menos, si no puedo
vencer tan fuertes pasiones,
cenizas de disimulo
cubran amantes ardores:

que vano disfraz las juzgo
pues harán, cuando más obren,
que no se mire la llama,

no que el ardor no se note.
¿Cómo podré yo mostrarme,
entre estas contradicciones,
a quien no quiero, de cera;
a quien adoro, de bronce?
¿Cómo el corazón podrá,
cómo sabrá el labio torpe
fingir halago, olvidando;
mentir, amando, rigores?
¿Cómo sufrir, abatido
entre tan bajas ficciones,
que lo desmienta la boca
podrá un corazón tan noble?
¿Y cómo podrá la boca,
cuando el corazón se enoje,
fingir cariños, faltando
quien le ministre[152] razones?
¿Podrá mi noble altivez
consentir que mis acciones
de nieve y de fuego, sirvan
de ser fábula del orbe?
Y yo doy que tanta dicha
tenga; que todos lo ignoren;
¿para pasar la vergüenza
no basta que a mí me conste?
Que aquesto es razón me dicen
los que la razón conocen;
¿pues cómo la razón puede
forjarse de sinrazones?
¿Qué te costaba, Hado impío,
dar, al repartir tus dones,
o los méritos a Fabio

o a Silvio las perfecciones?

Dicha y desdicha de entrambos
las suertes les descompone,
con que el uno su desdicha
y el otro su dicha ignore.

¿Quién ha visto que tan varia
la fortuna se equivoque,
y que el dichoso padezca
porque el infelice goce?

No me convence el ejemplo
que en el Mongibelo[153] ponen,
que en él es natural gala
y en mí voluntad disforme;

y resistir el combate
de tan encontrados golpes,
no cabe en lo sensitivo
y puede sufrirlo un monte.

¡Oh vil arte, cuyas reglas
tanto a la razón se oponen,
que para que se ejecuten
es menester que se ignoren!

¿Qué hace en adorarme Silvio?
Cuando más fino blasone,
¿quererme es más que seguir
de su inclinación el norte?

Gustoso vive en su empleo
sin que disgustos le estorben.
¿Pues qué vence, si no vence
por mí sus inclinaciones?

¿Qué víctima sacrifica,
qué incienso en mis aras pone,
si cambia sus rendimientos

al precio de mis favores?

Más hago yo, pues no hay duda
que hace finezas mayores,
que el que voluntario ruega,
quien violenta corresponde.

Porque aquél sigue obediente
de su Estrella el curso dócil,
y ésta contra la corriente
de su destino se opone.
Él es libre para amarme,[154]
aunque a otra su amor provoque;
¿y no tendré yo la misma
libertad en mis acciones?

Si él resistirse no puede,
su incendio mi incendio abone.[155]
Violencia que a él lo sujeta
¿qué mucho que a mí me postre?

¿No es rigor, no es tiranía,
siendo iguales las pasiones,
no poder él reportarse
y querer que me reporte?

Quererlo porque él me quiere,
no es justo que amor se nombre;
que no ama quien para amar
el ser amado supone.

No es amor correspondencia;
causas tiene superiores:
que lo concilian los Astros
o lo engendran perfecciones.

Quien ama porque es querida,
sin otro impulso más noble,
desprecia al amante y ama

sus propias adoraciones.

Del humo del sacrificio
quiere los vanos honores,
sin mirar si al oferente
hay méritos que le adornen.

Ser potencia y ser objeto,
a toda razón se opone;
porque era ejercer en sí
sus propias operaciones.

A parte rei[156] se distingue
el objeto que conoce;
y lo amable, no lo amante,
es blanco de sus arpones.

Amor no busca la paga
de voluntades conformes,
que tan bajo interés fuera
indigna usura en los dioses.

No hay cualidad que en él pueda
imprimir alteraciones,
del hielo de los desdenes,
del fuego de los favores.

Su ser es inaccesible
al discurso de los hombres,
que aunque el efecto se sienta
la esencia no se conoce.

Y en fin, cuando en mi favor
no hubiera tantas razones,
mi voluntad es de Fabio;
Silvio y el mundo perdone.

Romance

*En que cultamente expresa menos aversión
de la que afectaba un enojo.*[157]

Si el desamor o el enojo
satisfacciones admiten,
y si tal vez los rigores
de urbanidades se visten,

escucha, Fabio, mis males,
cuyo dolor, si se mide
aun el mismo padecerlo
no lo sabrá hacer creíble.
Oye mi altivez postrada;
porque son incompatibles
un pundonor que se ostente
con un amor que se humille.

Escucha de mis afectos
las tiernas voces humildes,
que en enfáticas razones
dicen más de lo que dicen.

Que si después de escucharme,
rigor en tu pecho asiste
informaciones de bronce
te acreditan de insensible.
No amarte tuve propuesto
¿mas proponer de qué sirve,
si a persuasiones Sirenas[158]
no hay propósitos Ulises,

pues es, aunque se prevenga,
en las amorosas lides,
el Griego, menos prudente
y más engañosa Circe?

¿Ni qué importa que, en un pecho
donde la pasión reside,
se resista la razón
si la voluntad se rinde?

En fin, me rendí. ¿Qué mucho,
si mis errores conciben
la esclavitud como gloria
y como pensión[159] lo libre?

Aun en mitad de mi enojo
estuvo mi amor tan firme
que a pesar de mis alientos,
aunque no quise, te quise.

Pensé desatar el lazo
que mi libertad oprime,
y fue apretar la lazada
el intentar desasirme.

Si de tus méritos nace
esta pasión que me aflige,
¿cómo el efecto podrá
cesar, si la causa existe?

¿Quién no admira que el olvido
tan poco del amor diste,

que quien camina al primero
al segundo se avecine?

No, pues, permitas, mi Fabio,
si en ti el mismo afecto vive,
que un leve enojo blasone
contra un amor invencible.

No hagas que un amor dichoso
se vuelva en efecto triste,
ni que las aras de Anteros,[160]
a Cupido se dediquen.

Deja que nuestras dos almas,
pues un mismo amor las rige
teniendo la unión en poco,
amantes se identifiquen.

Un espíritu amoroso
nuestras dos vidas anime,
y Láquesis,[161] al formarlas,
de un solo copo las hile.

Nuestros dos conformes pechos
con sola una aura respiren;
un destino nos gobierne
y una inclinación nos guíe.

Y en fin, a pesar del tiempo,
pase nuestro amor felice
de las puertas de la Parca
unidad indivisible,

donde, siempre amantes formas,
nuestro eterno amor envidien
los Leandros y las Heros,[162]
los Píramos y las Tisbes.

Romance

Con que, en sentidos afectos, prelude
al dolor de una ausencia.

Ya que para despedirme,
dulce idolatrado dueño,
ni me da licencia el llanto
ni me da lugar el tiempo,

háblente los tristes rasgos,
entre lastimosos ecos,
de mi triste pluma, nunca
con más justa causa negros.

Y aun ésta te hablará torpe
con las lágrimas que vierto,
porque va borrando el agua
lo que va dictando el fuego.

Hablar me impiden mis ojos;
y es que se anticipan ellos
viendo lo que he de decirte,
a decírtelo primero.

Oye la elocuencia muda
que hay en mi dolor, sirviendo

los suspiros, de palabras
las lágrimas, de conceptos.

Mira la fiera borrasca
que pasa en el mar del pecho
donde zozobran, turbados,
mis confusos pensamientos.

Mira cómo ya el vivir
me sirve de afán grosero;
que se avergüenza la vida
de durarme tanto tiempo.

Mira la muerte, que esquiva
huye porque la deseo;
que aun la muerte, si es buscada,
se quiere subir de precio.

Mira cómo el cuerpo amante,
rendido a tanto tormento,
siendo en lo demás cadáver,
sólo en el sentir es cuerpo.

Mira cómo el alma misma
aun teme, en su ser exento,
que quiera el dolor violar
la inmunidad de lo eterno.

En lágrimas y suspiros
alma y corazón a un tiempo,
aquél se convierte en agua,
y ésta se resuelve en viento.

Ya no me sirve de vida
esta vida que poseo,
sino de condición sola
necesaria al sentimiento.

Mas ¿por qué gasto razones
en contar mi pena, y dejo
de decir lo que es preciso,
por decir lo que estás viendo?

En fin, te vas. ¡Ay de mí!
Dudosamente lo pienso:
pues si es verdad, no estoy viva,
y si viva, no lo creo.

¿Posible es que ha de hablar día
tan infausto, tan funesto,
en que sin ver yo las tuyas
esparza sus luces Febo?

¿Posible es que ha de llegar
el rigor a tan severo
que no ha de darles tu vista
a mis pesares aliento?

¿Que no he de ver tu semblante,
que no he de escuchar tus ecos,
que no he de gozar tus brazos
ni me ha de animar tu aliento?

¡Ay, mi bien, ay prenda mía,
dulce fin de mis deseos!

¿Por qué me llevas el alma,
dejándome el sentimiento?

Mira que es contradicción
que no cabe en un sujeto,
tanta muerte en una vida,
tanto dolor en un muerto.

Mas ya que es preciso, ¡ay triste!,
en mi infelice suceso,
ni vivir con la esperanza
ni morir con el tormento,

dame algún consuelo tú
en el dolor que padezco;
y quien en el suyo muere
viva siquiera en tu pecho.

No te olvides que te adoro,
y sírvante de recuerdo
las finezas que me debes,
si no las prendas que tengo.

Acuérdate que mi amor
haciendo gala del riesgo
sólo por atropellarlo
se alegraba de tenerlo.

Y si mi amor no es bastante,
el tuyo mismo te acuerdo
que no es poco empeño haber
empezado ya en empeño.

Acuérdate, señor mío
de tus nobles juramentos;
y lo que juró tu boca
no lo desmientan tus hechos.

Y perdona si en temer
mi agravio, mi bien, te ofendo,
que no es dolor, el dolor
que se contiene en lo atento.

Y a Dios; que, con el ahogo
que me embarga los alientos,
ni sé ya lo que te digo
ni lo que te escribo leo.

Romance

Al Marqués de la Laguna, en el "triunfo parthénico".[163]

Cuando, invictísimo Cerda,
al Águila de María
dedican tiernos aplausos
aclamaciones festivas;
cuando celebran alegres
su pura luz matutina
de tan remontadas plumas
las bien logradas fatigas;

cuando del Águila augusta
las propiedades aplican
a lo excelso de su vuelo
y a lo claro de su vista,

¿a quién mejor, gran Señor
o a quién también, la rendida
obligación podrá dar
plácemes de tanto día,

como a Vos, que sois el centro
glorioso donde terminan
de tan gran circunferencia
tantas bien tiradas líneas;

a Vos, en cuya Laguna[164]
las Imperiales, antiguas,
sacras Águilas renuevan
las plumas envejecidas;

a Vos, Águila caudal
cuya descendencia altiva
nació de tantas Coronas
en las Imperiales cimas?
Vos, de quien se teme el Sol
que, cuando su luz envía,
o la encubráis con las alas
o la agotéis con la vista;

Vos, cuyos gloriosos hechos
nadie aplaudir osaría,
si vuestras alas no dieran
las plumas con que se escriban:

cuyas victoriosas plantas
al Águila de las Indias[165]
la coronan de laureles
más que la huellan vencida:

cuyas plumas, cuando ocupan
toda la región vacía,
las peina el aire con miedo,
con respeto el Sol las riza;

Vos, Águila de dos cuellos,
que con equidad medida
uno mira a la piedad
y otro atiende a la justicia;

Vos, que de Sol más hermoso
atento a la luz divina,
bebéis las luces que esparce,
seguís los orbes que gira

—de aquel Sol, digo, animado
de cuyas luces mendiga
los broches que campa el Cielo,
las galas que ostenta el día:
de la Deidad Mantüana,[166]
que en el Cielo es de Medina
de Palas divina afrenta,
de Venus sagrada envidia—:

recibid de este Museo[167]
las que amantes os dedican
ofrendas que son deseos,
sacrificios que son vidas.

Romance

En retorno de una diadema, representa un dulce de nueces que previno a un antojo de la Señora Virreyna.[168]

Acuérdome, Filis mía[169]
(que a mí siempre se me acuerda
todo lo que a ti tocarte
puede por *fas* o por *nefas*),[170]

que la otra vez que tú estabas,
como dicen en mi tierra,
ocupada en la mayor[171]
obra de naturaleza;

digo, cuando con dos almas
estabas, aunque no sea
menester estar encinta
para que mil almas tengas;

cuando el Conde mi Señor[172]
de Paredes, o Condesa,
antes de nacer, más rico
era que cuando naciera,

pues aunque de su alto Padre
gozara la rica herencia,
a quien logró estar contigo,
todo le fuera bajeza;

cuando, sin ser maravilla,[173]
se hallaban en tu belleza
dos cuerpos en un lugar,
dos formas y una materia:

(si alguno repara el modo,
respóndele, Lisi bella,

que no se entiende en Palacio
el rigor de las Escuelas);
    entonces, pues, digo que,
antojo o capricho fuera,
por unas nueces hiciste[174]
más ruido que valen ellas.
    Pues porque ahora, Señora,
segunda vez no suceda
que nos asustes por una
cosa que tan poco cuesta,
    ésas, del año pasado,
la adivinanza poeta[175]
te las guardó, porque Apolo
se lo dictó a mi mollera.
    Y a la manera que, en Delfos
con encendida elocuencia
inflamaba los discursos
de la Délfica Doncella,[176]
    haciéndole en el Tripode
(que era aquella rica mesa
de quien se hallaron indignos
los siete Sabios de Grecia)
    profetizar los sucesos
de las cosas venideras,
ya en fundadas conjeturas,
ya en equívocas respuestas,
    me dijo: –"Guárdalas, Juana";[177]
porque a mí con la llaneza
me suele tratar Apolo
que si algún mi hermano fuera;
    que él es un Dios muy humano,
que por más que lo encarezcan,

no cuida más de su carro,
sus caballos y sus riendas.

   Y más después que ha sabido
que privo con tu belleza,
siendo de tu valimiento
la villana de Isabela,

   me anda mirando a la cara
y ofreciéndome inflüencias,
porque le consiga yo
los rayos que tú le prestas;

   y conquistador de luces,
con su gorra y reverencias,
me pide que le prorrogues
el oficio de la Esfera.

   Alégate, por servicios,
que, porque a ti te sirvieran,
descubrió pálidas minas,
engendró cándidas perlas;

   que te conquistó los Orbes,
que redujo a tu obediencia
las Provincias de los Astros,
los Reinos de las Estrellas.

   Estas y otras muchas cosas
el pobre te representa,
y con una miradura
espera que le proveas.

   Y volviendo a mi Romance,
digo que él, allá en su lengua,
razonando medios días
y pronunciando centellas,

   me dijo: —"Esas nueces guarda,
de quien yo fui Cocinera;

que, al rescoldo de mis rayos,
les sazoné las cortezas.

   Y mira que yo no soy[178]
tan bobo como se piensan
los que dicen que por Dafne
dejé mis luces a ciegas:

   que yo soy un Dios Doctor,
que vivo con la experiencia,
y estoy en edad que sé
dónde el zapato me aprieta:

   y habiendo visto el nogal
y el dulce fruto que lleva,
no había de andarme tras
laureles, a boca seca.

   Guárdalas, que puede ser,
que aquella Deidad que peina
rayos, cuyas peinaduras
componen mi cabellera,

   conciba feto de luces,
concepto de rayos tenga;
que no es verdad el que el Cielo
siempre ingenerable sea.[179]

   Preséntaselas entonces;
que, si afable las acepta,
espero que por tu mano
lograré mis conveniencias."

   Esto dijo Apolo; y yo,
Señora, para que veas
que cumplo con el oficio
de pretendiente Febea,[180]

   te las remito, por que
a Apolo, si no están buenas,

por mal Cocinero, cortes
el copete y las guedejas.

Y yo que llegaba aquí,
cuando hétele aquí, que llega
Lima,[181] de tu mano, con
una emplumada diadema:[182]

Real insignia que me envías,
en que tu grandeza muestra
que no sólo eres Reina, pero
puedes hacer muchas Reinas.

Yo la ceñiré, Señora,
porque más decente sea
alfombra para tus plantas
coronada mi cabeza.

Doyle por ella a tus pies
mil besos en recompensa,
sin que parezca delito,
pues *quien da y besa, no peca*.[183]

Romance

*A la misma Señora (la Condesa de Galve),
en ocasión de cumplir años.*

Si el día en que tú naciste,
bellísima, excelsa Elvira,
es ventura para todos,
¿por qué no lo será mía?

¿Nací yo acaso en las yerbas,
o crïéme en las hortigas?
¿Fue mi ascendiente algún risco,
o mi cuna alguna sima?[184]

¿No soy yo gente? ¿No es forma
racional la que me anima?
¿No desciendo, como todos,
de Adán por mi recta línea?

¿No hay sindéresis[185] en mí
con que lo mejor elija,
y ya que bien no lo entienda
por lo menos lo perciba?

¿Pues por qué no he de ir a verte
cuando todos te visitan?
¿Soy ave nocturna para
no poder andar de día?

Si porque estoy encerrada[186]
me tienes por impedida,
para estos impedimentos
tiene el afecto sus limas.

Para el alma no hay encierro
ni prisiones que la impidan,
porque sólo la aprisionan
las que se forma ella misma.

Sutil y ágil el deseo,
no hay, cuando sus plumas gira,
solidez que no penetre
ni distancia que no mida.

Mejorados van mis ojos
cuando a verte se destinan,
pues para que ellos te vean
retiró el alma la vista.

Contento con mi carencia
mi respeto, sacrifica,
por el culto que te doy,
el gusto que se me priva.

Entre el gusto y el decoro
quiere la razón que elija
lo que es adoración tuya
antes que la fruición mía.

Yo me alegro de no verte,
porque fuera grosería
que te cueste una indecencia
el que yo logre una dicha.

A objeto tanto, ella sola[187]
llegará menos indigna,
porque nunca a la Deidad
los ojos mortales miran.

Allá voy a verte; pero
perdóname la mentira:
que mal puede ir a un lugar
el que siempre en él habita.

Yo siempre de tu asistencia
soy la mental estantigua,[188]
que te asisto y no me sientes,
que te sirvo y no me miras.

Yo, envidiosa de la Esfera
dichosa que tú iluminas,
formo de mis pensamientos
las alfombras que tú pisas;

y aunque invisible, allí el alma
te venera tan rendida,
que apenas logra el deseo
desperdicios de tu fimbria.[189]

Mas cierto, que del asunto
estoy más de cuatro millas,
que leguas dijera, a no
ser el asonante en *ía*.

Revístome de dar años,
que aunque tan no apetecida
dádiva en las Damas, es
de la que tú necesitas,

   pues es tan breve el espacio
de tu juventud florida,
que a otras se les darán años,
pero a ti se te dan días.

   Yo te los doy; y no pienses
que voy desapercibida[190]
de las alhajas que observa
hoy la etiqueta precisa.

   Pues si de los años es
una cadena la insignia,
yo tengo la de tu esclava;
mira si hay otra más rica.

   Por joyel, un corazón
que en vez de diamantes brilla
el fondo de mi fineza,
el resplandor de mi dicha.

   Góceslos como deseo,
como mereces los vivas,
que en lo que quiero y mereces
dos infinitos se cifran:

   que, pues vives de lucir,
de los lustros la medida
(pues que se dijo *a lustrando*)
sólo en ti se verifica.

   No quiero cansarte más,
porque de que estés es día
hermosa a más no poder[191]
y de adrede desabrida.

Romance

Respondiendo a un Caballero del Perú,[192] que le envió unos Barros[193] diciéndole que se volviese hombre.

Señor: para responderos
todas las Musas se eximen,
sin que haya, ni aun de limosna,
una que ahora me dicte;

y siendo las nueve Hermanas[194]
madres del donaire y chiste,
no hay, oyendo vuestros versos,
una que chiste ni miste.[195]

Apolo absorto se queda
tan elevado de oírle,
que para aguijar el Carro,[196]
es menester que le griten.

Para escucharlo, el Pegaso[197]
todo el aliento reprime,
sin que mientras lo recitan
tema nadie que relinche.

Para, contra todo el orden,[198]
de sus cristales fluxibles
los gorjeos Helicona,
los murmurios Aganipe:

porque sus murmurios viendo,
todas las Musas coligen
que, de vuestros versos, no
merecen ser aprendices.

Apolo suelta la vara
con que los compases rige,
porque reconoce, al veros,

que injustamente preside.

Y así, el responderos tengo
del todo por imposible,
si compadecido acaso
vos no tratáis de inflüirme.

Sed mi Apolo, y veréis que
(como vuestra luz me anime)
mi lira sonante escuchan
los dos opuestos confines.

Mas ¡oh cuánto poderosa
es la invocación humilde,
pues ya, en nuevo aliento, el pecho
nuevo espíritu concibe!

De extraño ardor inflamado,
hace que incendios respire;
y como de Apolo, de
Navarrete se reviste.

Nuevas sendas al discurso
hace, que elevado pise,
y en nuevos conceptos hace
que él a sí mismo se admire.

Balbuciente con la copia,
la lengua torpe se aflige:
mucho ve, y explica poco;
mucho entiende, y poco dice.

Pensaréis que estoy burlando;
pues mirad, que el que me asiste
espíritu, no está a un
dedo de que profetice.

Mas si es querer alabaros
tan reservado imposible,
que en vuestra pluma, no más,

puede parecer factible,
 ¿de qué me sirve emprenderlo,
de qué intentarlo me sirve,
habiendo plumas que en agua
sus escarmientos escriben?
 Dejo ya vuestros elogios
a que ellos solos se expliquen:
pues los que en sí sólo caben,
consigo sólo se miden.
 Y paso a estimar aquellos
hermosamente sutiles
Búcaros, en quien el Arte
hace al apetito brindis:
 Barros en cuyo primor
ostenta soberbio Chile,
que no es la plata, no el oro,
lo que tiene más plausible,
 pues por tan baja materia
hace que se desestimen
doradas Copas que néctar
en sagradas mesas sirven.
 Bésoos las manos por ellos
que es cierto que tanto filis[199]
tienen los Barros, que juzgo
que sois vos quien los hicisteis.
 Y en el consejo que dais,
yo os prometo recibirle
y hacerme fuerza, aunque juzgo
que no hay fuerzas que entarquinen:[200]
 porque acá Sálmacis falta,[201]
en cuyos cristales dicen
que hay no sé qué virtud de

dar alientos varoniles.

Yo no entiendo de esas cosas;
sólo sé que aquí me vine
porque, si es que soy mujer,
ninguno lo verifique.

Y también sé que, en latín,
sólo a las casadas dicen
úxor,[202] o mujer, y que
es común de dos lo Virgen.

Con que a mí no es bien mirado
que como a mujer me miren,
pues no soy mujer que a alguno
de mujer pueda servirle;

y sólo sé que mi cuerpo,
sin que a uno u otro se incline,
es neutro, o abstracto, cuanto
sólo el Alma deposite.

Y dejando esta cuestión
para que otros la ventilen,
porque en lo que es bien que ignore,
no es razón que sutilice,

generoso Perüano
que os lamentáis de infelice,
¿que Lima es la que dejasteis,[203]
si acá la *lima* os trajisteis?

Bien sabéis la ley de Atenas,[204]
con que desterró a Aristides:
que aun en lo bueno, es delito
el que se singularice.

Por bueno lo desterraron,
y a otros varones insignes;
porque el exceder a todos,[205]

es delito irremisible.

El que a todos se aventaja,
fuerza es que a todos incite
a envidia, pues él lucir
a todos juntos impide.

Al paso que la alabanza
a uno para blanco elige,
a ese mismo paso trata
la envidia de perseguirle.

A vos de Perú os destierran
y nuestra Patria os admite,
porque nos da el Cielo acá
la dicha que allá despiden.

Bien es que vuestro talento
diversos climas habite:
que los que nacen tan grandes,
no sólo para sí viven.

Romance

En que expresa los efectos del Amor Divino, y propone morir amante, a pesar de todo riesgo.

Traigo conmigo un cuidado,
y tan esquivo, que creo
que, aunque sé sentirlo tanto,
aun yo misma no lo siento.

Es amor; pero es amor
que, faltándole lo ciego,[206]
los ojos que tiene, son
para darle más tormento.

El término no es *a quo*,[207]
que causa el pesar que veo:
que siendo el término el Bien,
todo el dolor es el medio.

Si es lícito, y aun debido
este cariño que tengo,
¿por qué me han de dar castigo
porque pago lo que debo?

¡Oh cuánta fineza, oh cuántos
cariños he visto tiernos!
Que amor que se tiene en Dios,
es calidad sin opuestos.

De lo lícito no puede
hacer contrarios conceptos,
con que es amor que al olvido
no puede vivir expuesto.

Yo me acuerdo, ¡oh nunca fuera!,
que he querido en otro tiempo
lo que pasó de locura
y lo que excedió de extremo;

mas como era amor bastardo,
y de contrarios compuesto,
fue fácil desvanecerse
de achaque de su ser mesmo.

Mas ahora, ¡ay de mí!, está
tan en su natural centro,
que la virtud y razón
son quien aviva su incendio.

Quien tal oyere, dirá
que, si es así, ¿por qué peno?
Mas mi corazón ansioso
dirá que por eso mesmo.

¡Oh humana flaqueza nuestra,
adonde el más puro afecto
aún no sabe desnudarse
del natural sentimiento!

Tan precisa es la apetencia
que a ser amados tenemos,
que, aun sabiendo que no sirve,
nunca dejarla sabemos.

Que corresponda a mi amor,[208]
nada añade; mas no puedo,
por más que lo solicito,
dejar yo de apetecerlo.

Si es delito, ya lo digo;
si es culpa, ya la confieso;
mas no puedo arrepentirme,
por más que hacerlo pretendo.

Bien ha visto, quien penetra
lo interior de mis secretos,
que yo misma estoy formando
los dolores que padezco.

Bien sabe que soy yo misma
verdugo de mis deseos,
pues muertos entre mis ansias,
tienen sepulcro en mi pecho.

Muero, ¿quién lo creerá?, a manos
de la cosa que más quiero,
y el motivo de matarme
es el amor que le tengo.

Así alimentando, triste,
la vida con el veneno,
la misma muerte que vivo,
es la vida con que muero.

Pero valor, corazón:
porque en tan dulce tormento,
en medio de cualquier suerte
no dejar de amar protesto.

Endecha

*Para cantar a la música de un tono y baile regional,
que llaman el Cardador.*

A Belilla pinto
(tengan atención),
porque es de la carda,[209]
por el cardador.

Del pelo el esquilmo,[210]
mejor que Absalón,[211]
se vende por oro
con ser de vellón.

En su frente lisa
Amor escribió,
y dejó las cejas
a plana renglón.

Los ojos rasgados,
de *ábate que voy*,
y luego unas niñas
de *líbrenos Dios*.

Con tener en todo
tan grande sazón,
sólo las mejillas
se quedan en flor.

Ámbar es y algalia[212]

la respiración,
y así las narices
andan al olor.

De los lacticinios[213]
nunca se guardó,
pues siempre en su cuello
se halla requesón.

Es tan aseada
que, sin prevención,
en sus manos siempre
está el almidón.

Talle más estrecho
que la condición
de cierta persona
que conozco yo.

Pie a quien de tan poco
sirve el calzador,
que aun el poleví
tiene por ramplón.

Éste, de Belilla
no es retrato, no;
ni bosquejo, sino
no más de un borrón.[214]

Soneto

*En que da moral censura a una rosa,
y en ella a sus semejantes.*[215]

Rosa divina que en gentil cultura[216]
eres, con tu fragante sutileza,

magisterio purpúreo en la belleza,
enseñanza nevada a la hermosura.
 Amago de la humana arquitectura,
ejemplo de la vana gentileza,
en cuyo ser unió naturaleza
la cuna alegre y triste sepultura.
 ¡Cuán altiva en tu pompa, presumida,
soberbia, el riesgo de morir desdeñas,
y luego desmayada y encogida
 de tu caduco ser das mustias señas,
con que con docta muerte y necia vida,
viviendo engañas y muriendo enseñas!

Soneto

"Verde embeleso..."

Verde embeleso de la vida humana,[217]
loca Esperanza, frenesí dorado,
sueño de los despiertos intrincado,
como de sueños, de tesoros vana;
 alma del mundo, senectud lozana,
decrépito verdor imaginado;
el hoy de los dichosos esperado
y de los desdichados el mañana:
 sigan tu sombra en busca de tu día
los que, con verdes vidrios por anteojos,
todo lo ven pintado a su deseo;
 que yo, más cuerda en la fortuna mía,
tengo en entrambas manos ambos ojos
y solamente lo que toco veo.

Soneto

En que satisface un recelo con la retórica del llanto.

Esta tarde, mi bien, cuando te hablaba,
como en tu rostro y tus acciones vía
que con palabras no te persuadía,
que el corazón me vieses deseaba;
   y Amor, que mis intentos ayudaba,
venció lo que imposible parecía:
pues entre el llanto, que el dolor vertía,
el corazón deshecho destilaba.
   Baste ya de rigores, mi bien, baste;
no te atormenten más celos tiranos,
ni el vil recelo tu quietud contraste
   con sombras necias, con indicios vanos,
pues ya en líquido humor[218] viste y tocaste
mi corazón deshecho entre tus manos.

Soneto

Que contiene una fantasía contenta con amor decente.

Detente, sombra de mi bien esquivo,
imagen del hechizo que más quiero,
bella ilusión por quien alegre muero,
dulce ficción por quien penosa vivo.
   Si al imán de tus gracias, atractivo,
sirve mi pecho de obediente acero,
¿para qué me enamoras lisonjero
si has de burlarme luego fugitivo?

Mas blasonar no puedes, satisfecho,
de que triunfa de mí tu tiranía:
que aunque dejas burlado el lazo estrecho
    que tu forma fantástica ceñía,
poco importa burlar brazos y pecho
si te labra prisión mi fantasía.

Soneto

Que consuela a un celoso, epilogando
la serie de los amores.

Amor empieza por desasosiego,
solicitud, ardores y desvelos;
crece con riesgos, lances y recelos,
susténtase de llantos y de ruego.
    Doctrínanle tibiezas y despego,
conserva el ser entre engañosos velos,
hasta que con agravios o con celos
apaga con sus lágrimas su fuego.
    Su principio, su medio y fin es éste;
pues ¿por qué, Alcino, sientes el desvío
de Celia que otro tiempo bien te quiso?
    ¿Qué razón hay de que dolor te cueste,
pues no te engañó Amor, Alcino mío,
sino que llegó el término preciso?

Lira

Que expresa sentimientos de ausente.

Amado dueño mío,
escucha un rato mis cansadas quejas,
pues del viento las fío,
que breve las conduzca a tus orejas,
si no se desvanece el triste acento
como mis esperanzas en el viento.

Óyeme con los ojos,
ya que están tan distantes los oídos,
y de ausentes enojos
en ecos, de mi pluma mis gemidos;
y ya que a ti no llega mi voz ruda,[219]
óyeme sordo, pues me quejo muda.

Si del campo te agradas,[220]
goza de sus frescuras venturosas,
sin que aquestas cansadas
lágrimas te detengan, enfadosas;
que en él verás, si atento te entretienes,
ejemplos de mis males y mis bienes.

Si al arroyo parlero
ves, galán de las flores en el prado,
que, amante y lisonjero,
a cuantas mira intima su cuidado,
en su corriente mi dolor te avisa
que a costa de mi llanto tiene risa.

Si ves que triste llora
su esperanza marchita, en ramo verde,
tórtola gemidora,
en él y en ella mi dolor te acuerde,

que imitan, con verdor y con lamento,
él mi esperanza y ella mi tormento.

Si la flor delicada,
si la peña, que altiva no consiente
del tiempo ser hollada,
ambas me imitan, aunque variamente,
ya con fragilidad, ya con dureza,
mi dicha aquélla y ésta mi firmeza.

Si ves el ciervo herido
que baja por el monte, acelerado,
buscando, dolorido,
alivio al mal en un arroyo helado,
y sediento al cristal se precipita,
no en el alivio, en el dolor me imita.

Si la liebre encogida
huye medrosa de los galgos fieros,
y por salvar la vida
no deja estampa de los pies ligeros,
tal mi esperanza, en dudas y recelos,
se ve acosada de villanos celos.

Si ves el cielo claro,
tal es la sencillez del alma mía;
y si, de luz avaro,
de tinieblas se emboza el claro día,[221]
es con su obscuridad y su inclemencia,
imagen de mi vida en esta ausencia.

Así que, Fabio amado,
saber puedes mis males sin costarte
la noticia cuidado,
pues puedes de los campos informarte;
y pues yo a todo mi dolor ajusto,
saber mi pena sin dejar tu gusto.

Mas ¿cuándo, ¡ay gloria mía!,
mereceré gozar tu luz serena?
¿Cuándo llegará el día
que pongas dulce fin a tanta pena?
¿Cuándo veré tus ojos, dulce encanto,
y de los míos quitarás el llanto?

¿Cuándo tu voz sonora
herirá mis oídos, delicada,
y el alma que te adora,
de inundación de gozos anegada,
a recibirte con amante prisa
saldrá a los ojos desatada en risa?

¿Cuándo tu luz hermosa
revestirá de gloria mis sentidos?
¿Y cuándo yo, dichosa,
mis suspiros daré por bien perdidos,
teniendo en poco el precio de mi llanto,
que tanto ha de penar quien goza tanto?

¿Cuándo de tu apacible
rostro alegre veré el semblante afable,
y aquel bien indecible
a toda humana pluma inexplicable,
que mal se ceñirá a lo definido
lo que no cabe en todo lo sentido?

Ven, pues, mi prenda amada:
que ya fallece mi cansada vida
de esta ausencia pesada;
ven, pues: que mientras tarda tu venida,
aunque me cueste su verdor enojos
regaré mi esperanza con mis ojos.

Lira

Que da encarecida satisfacción a unos celos.

    Pues estoy condenada,
Fabio, a la muerte, por decreto tuyo,
y la sentencia airada
ni la apelo, resisto ni la huyo,
óyeme, que no hay reo tan culpado
a quien el confesar le sea negado.
    Porque te han informado,
dices, de que mi pecho te ha ofendido,
me has, fiero, condenado.
¿Y pueden, en tu pecho endurecido,
más la noticia incierta, que no es ciencia,
que de tantas verdades la experiencia?
    Si a otros crédito has dado,
Fabio, ¿por qué a tus ojos se lo niegas,
y el sentido trocado[222]
de la ley, al cordel mi cuello entregas,
pues liberal me amplías los rigores
y avaro me restringes los favores?
    Si a otros ojos he visto,
mátenme, Fabio, tus airados ojos;
si a otro cariño asisto,
asístanme implacables tus enojos;
y si otro amor del tuyo me divierte,
tú, que has sido mi vida, me des muerte.
    Si a otro, alegre, he mirado,
nunca alegre me mires ni te vea;
si le hablé con agrado,
eterno desagrado en ti posea;

y si otro amor inquieta mi sentido,
sáquesme el alma tú, que mi alma has sido.

   Mas, supuesto que muero,
sin resistir a mi infelice suerte,
que me des sólo quiero
licencia de que escoja yo mi muerte;
deja la muerte a mi elección medida,
pues en la tuya pongo yo la vida.

   No muera de rigores,
Fabio, cuando morir de amores puedo;
pues con morir de amores,
tú acreditado y yo bien puesta quedo:
que morir por amor, no de culpada,
no es menos muerte, pero es más honrada.

   Perdón, en fin, te pido
de las muchas ofensas que te he hecho
en haberte querido:
que ofensas son, pues son a tu despecho
y con razón te ofendes de mi trato,
pues que yo, con quererte, te hago ingrato.

II
Primero sueño

Primero sueño,[1] *que así intituló y compuso
la Madre Juana Inés de la Cruz, imitando a Góngora*

Piramidal, funesta, de la tierra
nacida sombra, al cielo encaminaba
de vanos obeliscos punta altiva,
escalar pretendiendo las estrellas:
si bien sus luces bellas
—exentas[2] siempre, siempre rutilantes—
la tenebrosa guerra
que con negros vapores le intimaba
la pavorosa sombra fugitiva
burlaban tan distantes, 10
que su atezado ceño[3]
al superior convexo[4] aun no llegaba
del orbe de la diosa
que tres veces hermosa[5]
con tres hermosos rostros ser ostenta,
quedando sólo dueño
del aire que empañaba
con el aliento denso que exhalaba;
y en la quietud contenta
de imperio silencioso, 20
sumisas sólo voces consentía
de las nocturnas aves,

tan obscuras, tan graves,
que aun el silencio no se interrumpía.

   Con tardo vuelo y canto, del oído
mal, y aun peor del ánimo admitido,
la avergonzada Nictimene[6] acecha
de las sagradas puertas los resquicios,
o de las claraboyas eminentes
los huecos más propicios   30
que capaz a su intento le abren brecha,
y sacrílega llega a los lucientes
faroles sacros de perenne llama
que extingue, si no infama,
en licor claro la materia crasa
consumiendo, que el árbol de Minerva[7]
de su fruto, de prensas agravado,
congojoso sudó y rindió forzado;
y aquellas que su casa[8]
campo vieron volver, sus telas hierba,   40
a la deidad de Baco inobedientes
—ya no historias contando diferentes,
en forma sí afrentosa transformadas—,
segunda forman niebla,
ser vistas aun temiendo en la tiniebla,
aves sin pluma aladas:
aquellas tres oficiosas, digo,
atrevidas hermanas,
que el tremendo castigo
de desnudas les dio pardas membranas   50
alas tan mal dispuestas
que escarnio son aun de las más funestas:
éstas, con el parlero
ministro de Plutón[9] un tiempo, ahora

supersticioso indicio al agorero,
solos la no canora
componían capilla pavorosa,
máximas, negras, longas entonando,
y pausas más que voces, esperando
a la torpe mensura perezosa   60
de mayor proporción tal vez, que el viento
con flemático echaba movimiento,
de tan tardo compás, tan detenido,
que en medio se quedó tal vez dormido.

    Este, pues, triste son intercadente[10]
de la asombrada turba temerosa,
menos a la atención solicitaba
que al sueño persuadía;
antes sí, lentamente,
su obtusa consonancia espaciosa   70
al sosiego inducía
y al reposo los miembros convidaba
—el silencio intimando a los vivientes,
uno y otro sellando labio obscuro
con indicante dedo,
Harpócrates[11] la noche, silencioso;
a cuyo, aunque no duro,
si bien imperioso
precepto, todos fueron obedientes—.
El viento sosegado, el can dormido,   80
éste yace, aquél quedo
los átomos no mueve,
con el susurro hacer temiendo leve,
aunque poco, sacrílego ruido,
violador del silencio sosegado.
El mar, no ya alterado,

ni aun la instable mecía
cerúlea cuna donde el sol dormía;
y los dormidos, siempre mudos peces,
en los lechos lamosos 90
de sus obscuros senos cavernosos,
mudos eran dos veces;
y entre ellos, la engañosa encantadora
Alcione,[12] a los que antes
en peces transformó, simples amantes,
transformada también, vengaba ahora.
    En los del monte senos escondidos,
cóncavos de peñascos mal formados
–de su aspereza menos defendidos
que de su obscuridad asegurados–, 100
cuya mansión sombría
ser puede noche en la mitad del día,
incógnita aún al cierto
montaraz pie del cazador experto
–depuesta la fiereza
de unos, y de otros el temor depuesto–
yacía el vulgo bruto,[13]
a la naturaleza
el de su potestad pagando impuesto,
universal tributo; 110
y el rey,[14] que vigilancias afectaba,
aun con abiertos ojos no velaba.
El de sus mismos perros acosado,[15]
monarca en otro tiempo esclarecido,
tímido ya venado,
con vigilante oído,
del sosegado ambiente
al menor perceptible movimiento

que los átomos muda,
la oreja alterna aguda 120
y el leve rumor siente
que aun lo altera dormido.
Y en la quietud del nido,
que de brozas y lodo instable hamaca
formó en la más opaca
parte del árbol, duerme recogida
la leve turba, descansando el viento
del que le corta, alado movimiento.
    De Júpiter[16] el ave generosa
—como al fin reina—, por no darse entera 130
al descanso, que vicio considera
si de preciso pasa, cuidadosa
de no incurrir de omisa en el exceso,
a un solo pie librada fía el peso,
y en otro guarda el cálculo pequeño
—despertador reloj del leve sueño—,
porque, si necesario fue admitido,
no pueda dilatarse continuado,
antes interrumpido
del regio sea pastoral cuidado. 140
¡Oh de la majestad pensión gravosa,
que aun el menor descuido no perdona!
Causa,[17] quizá, que ha hecho misteriosa,
circular, denotando, la corona
en círculo dorado,
que el afán es no menos continuado.
    El sueño todo, en fin, lo poseía;
todo, en fin, el silencio lo ocupaba:
aun el ladrón dormía;
aun el amante no se desvelaba. 150

El conticinio[18] casi ya pasando
iba, y la sombra dimidiaba, cuando
de las diurnas tareas fatigados
–y no sólo oprimidos
del afán ponderoso
del corporal trabajo, mas cansados
del deleite también (que también cansa
objeto continuado a los sentidos
aun siendo deleitoso:
que la naturaleza siempre alterna   160
ya una, ya otra balanza,
distribuyendo varios ejercicios,
ya al ocio, ya al trabajo destinados,
en el fiel infiel con que gobierna
la aparatosa máquina del mundo)–;
así, pues, de profundo
sueño dulce los miembros ocupados,
quedaron los sentidos
del que ejercicio tienen ordinario
–trabajo, en fin, pero trabajo amado,   170
si hay amable trabajo–,
si privados no, al menos suspendidos,
y cediendo[19] al retrato del contrario
de la vida, que –lentamente armado–
cobarde embiste y vence perezoso
con armas soñolientas
desde el cayado humilde al cetro altivo,
sin que haya distintivo
que el sayal de la púrpura discierna:
pues su nivel, en todo poderoso,   180
gradúa por exentas
a ningunas personas,

desde la de a quien tres forman corona[20]
soberana tiara,
hasta la que pajiza vive choza;
desde la que el Danubio undoso dora,
a la que junco humilde, humilde mora;
y con siempre igual vara
(como, en efecto, imagen poderosa
de la muerte) Morfeo[21]   190
el sayal mide igual con el brocado.
El alma, pues, suspensa
del exterior gobierno –en que ocupada
en material empleo,
o bien o mal da el día por gastado–,
solamente dispensa
remota, si del todo separada
no, a los de muerte temporal opresos
lánguidos miembros, sosegados huesos,
los gajes del calor vegetativo,   200
el cuerpo siendo, en sosegada calma,
un cadáver con alma,
muerto a la vida y a la muerte vivo,
de lo segundo dando tardas señas
el del reloj humano[22]
vital volante que, si no con mano,
con arterial concierto, unas pequeñas
muestras, pulsando, manifiesta lento
de su bien regulado movimiento.
Este, pues, miembro rey y centro vivo   210
de espíritus vitales,[23]
con su asociado respirante fuelle
–pulmón, que imán del viento es atractivo,
que en movimientos nunca desiguales

o comprimiendo ya, o ya dilatando
el musculoso, claro arcaduz[24] blando,
hace que en él resuelle
el que lo circunscribe fresco ambiente
que impele ya caliente,
y él venga su expulsión haciendo activo   220
pequeños robos al calor nativo,
algún tiempo llorados,
nunca recuperados,
si ahora no sentidos de su dueño,
que, repetido, no hay robo pequeño–;
éstos, pues, de mayor, como ya digo,
excepción, uno y otro fiel testigo,
la vida aseguraban,
mientras con mudas voces impugnaban
la información, callados, los sentidos   230
–con no replicar sólo defendidos–,
y la lengua que, torpe, enmudecía,
con no poder hablar los desmentía.

    Y aquella del calor más competente
científica oficina,
próvida de los miembros despensera.
que avara nunca y siempre diligente,
ni a la parte prefiere más vecina
ni olvida a la remota,
y en ajustado natural cuadrante   240
las cuantidades nota
que a cada cual tocarle considera,
del que alambicó quilo el incesante
calor, en el manjar que –medianero
piadoso– entre él y el húmedo[25] interpuso
su inocente substancia,

pagando por entero
la que, ya piedad sea, o ya arrogancia,
al contrario voraz, necia la expuso
—merecido castigo, aunque se excuse,   250
al que en pendencia ajena se introduce—;
ésta, pues, si no fragua de Vulcano,[26]
templada hoguera del calor humano,
al cerebro enviaba
húmedos, mas tan claros los vapores
de los atemperados cuatro humores,[27]
que con ellos no sólo no empañaba
los simulacros que la estimativa[28]
dio a la imaginativa[29]
y aquésta, por custodia más segura,   260
en forma ya más pura
entregó a la memoria que, oficiosa,
grabó tenaz y guarda cuidadosa,
sino que daban a la fantasía
lugar de que formase
imágenes diversas; y del modo
que en tersa superficie, que de faro[30]
cristalino portento, asilo raro
fue, en distancia longísima se vían
(sin que ésta le estorbase)   270
del reino casi de Neptuno todo
las que distantes lo surcaban naves
—viéndose claramente
en su azogada luna
el número, el tamaño y la fortuna
que en la instable campaña transparente
arresgadas tenían,
mientras aguas y vientos dividían

sus velas leves y sus quillas graves–:
así ella, sosegada iba copiando
las imágenes todas de las cosas,
y el pincel invisible iba formando
de mentales, sin luz, siempre vistosas
colores, las figuras
no sólo ya de todas las criaturas
sublunares, mas aun también de aquellas
que intelectuales claras son estrellas,
y en el modo posible
que concebirse puede lo invisible,
en sí, mañosa, las representaba
y al alma las mostraba.
    La cual, en tanto, toda convertida
a su inmaterial ser y esencia bella,
aquélla contemplaba,
participada de alto ser,[31] centella
que con similitud en sí gozaba;
y juzgándose casi dividida
de aquella que impedida
siempre la tiene, corporal cadena,
que grosera embaraza y torpe impide
el vuelo intelectual con que ya mide
la cuantidad inmensa de la esfera,
ya el curso considera
regular, con que giran desiguales
los cuerpos celestiales
–culpa si grave, merecida pena
(torcedor del sosiego, riguroso)
de estudio vanamente judicioso–,[32]
puesta, a su parecer, en la eminente
cumbre de un monte a quien el mismo
           [Atlante[33]

280

290

300

310

que preside gigante
a los demás, enano obedecía,
y Olimpo,³⁴ cuya sosegada frente,
nunca de aura agitada
consintió ser violada,
aun falda suya ser no merecía:
pues las nubes –que opaca son corona
de la más elevada corpulencia
del volcán más soberbio que en la tierra
gigante erguido intima al cielo guerra–, 320
apenas densa zona
de su altiva eminencia,
o a su vasta cintura
cíngulo tosco son, que –mal ceñido–
o el viento lo desata sacudido
o vecino el calor del sol lo apura.
A la región primera de su altura
(ínfima parte, digo, dividiendo
en tres su continuado cuerpo horrendo),
el rápido no pudo, el veloz vuelo 330
del águila –que puntas hace al cielo
y al sol bebe los rayos pretendiendo
entre sus luces colocar su nido–
llegar; bien que esforzando
más que nunca el impulso, ya batiendo
las dos plumadas velas, ya peinando
con las garras el aire, ha pretendido,
tejiendo de los átomos escalas,
que su inmunidad rompan sus dos alas.

    Las Pirámides dos³⁵ –ostentaciones 340
de Menfis vano, y de la arquitectura
último esmero, si ya no pendones

fijos, no tremolantes–, cuya altura
coronada de bárbaros trofeos
tumba y bandera fue a los Ptolomeos,³⁶
que al viento, que a las nubes publicaba
(si ya también al cielo no decía)
de su grande, su siempre vencedora
ciudad –ya Cairo ahora–
las que, porque a su copia enmudecía,   350
la Fama no cantaba
gitanas glorias,³⁷ ménficas proezas,
aun en el viento, aun en el cielo impresas
éstas –que en nivelada simetría
su estatura crecía
con tal diminución, con arte tanto,
que (cuanto más al cielo caminaba)
a la vista, que lince la miraba,
entre los vientos se desparecía
sin permitir mirar la sutil punta   360
que al primer orbe³⁸ finge que se junta,
hasta que fatigada del espanto,
no descendida, sino despeñada
se hallaba al pie de la espaciosa basa,
tarde o mal recobrada
del desvanecimiento
que pena fue no escasa
del visual alado atrevimiento–,
cuyos cuerpos opacos
no al sol opuestos, antes avenidos   370
con sus luces, si no confederados
con él (como, en efecto, confinantes)
tan del todo bañados
de su resplandor eran, que –lucidos–

nunca de calorosos caminantes
al fatigado aliento, a los pies flacos,
ofrecieron alfombra
aun de pequeña, aun de señal de sombra
éstas, que gloria ya sean gitanas,
o elaciones profanas, 380
bárbaros jeroglíficos de ciego
error, según el griego[39]
ciego también, dulcísimo poeta
—si ya, por las que escribe
aquileyas proezas
o marciales de Ulises[40] sutilezas
la unión no lo recibe
de los historiadores, o lo acepta
(cuando entre su catálogo lo cuente)
que gloria más que número le aumente—, 390
de cuya dulce serie numerosa
fuera más fácil cosa
al temido tonante
el rayo fulminante
quitar, o la pesada
a Alcides[41] clava herrada,
que un hemistiquio solo
de los que le dictó propicio Apolo;
según de Homero, digo, la sentencia,
las Pirámides fueron materiales 400
tipos solos, señales exteriores
de las que, dimensiones interiores,
especies son del alma intencionales:
que como sube en piramidal punta
al cielo la ambiciosa llama ardiente,
así la humana mente

su figura trasunta,
y a la causa primera siempre aspira
—céntrico punto donde recta tira
la línea, si ya no circunferencia,   410
que contiene, infinita, toda esencia—.
  Estos, pues, montes dos artificiales
(bien maravillas, bien milagros sean),
y aun aquella blasfema altiva torre[42]
de quien hoy dolorosas son señales
—no en piedras, sino en lenguas desiguales,
porque voraz el tiempo no las borre—
los idiomas diversos que escasean
el sociable trato de las gentes
(haciendo que parezcan diferentes   420
los que unos hizo la naturaleza,
de la lengua por sólo la extrañeza),
si fueran comparados
a la mental pirámide elevada
donde —sin saber cómo— colocada
el alma se miró, tan atrasados
se hallaran, que cualquiera
graduara su cima por esfera:
pues su ambicioso anhelo,
haciendo cumbre de su propio vuelo,   430
en la más eminente
la encumbró parte de su propia mente,
de sí tan remontada, que creía
que a otra nueva región de sí salía;
en cuya casi elevación inmensa,
gozosa mas suspensa,
suspensa pero ufana,
y atónita aunque ufana, la suprema

de lo sublunar reina soberana,⁴³
la vista perspicaz, libre de anteojos, 440
de sus intelectuales bellos ojos
(sin que distancia tema
ni de obstáculo opaco se recele,
de que interpuesto algún objeto cele),
libre tendió por todo lo criado:
cuyo inmenso agregado,
cúmulo incomprehensible,
aunque a la vista quiso manifiesto
dar señas de posible,
a la comprehensión no, que –entorpecida 450
con la sobra de objetos, y excedida
de la grandeza de ellos su potencia–
retrocedió cobarde.
Tanto no, del osado presupuesto,
revoco la intención, arrepentida,
la vista que intentó descomedida
en vano hacer alarde
contra objeto que excede en excelencia
las líneas visuales
–contra el sol, digo, cuerpo luminoso, 460
cuyos rayos castigo son fogoso,
que fuerzas desiguales
despreciando, castigan rayo a rayo
el confiado, antes atrevido
y ya llorado ensayo
(necia experiencia que costosa tanto
fue, que Ícaro⁴⁴ ya, su propio llanto
lo anegó enternecido)–,
como el entendimiento, aquí vencido
no menos de la inmensa muchedumbre 470

de tanta maquinosa pesadumbre
(de diversas especies conglobado
esférico compuesto),
que de las cualidades
de cada cual, cedió: tan asombrado,
que –entre la copia puesto,
pobre con ella en las neutralidades
de un mar de asombros, la elección confusa–,
equívoco las ondas zozobraba;
y por mirarlo todo, nada vía, 480
ni discernir podía
(bota la facultad intelectiva
en tanta, tan difusa
incomprehensible especie que miraba
desde el un eje en que librada estriba
la máquina voluble de la esfera,
al contrapuesto polo)
las partes, ya no sólo,
que al universo todo considera
serle perfeccionantes, 490
a su ornato, no más, pertenecientes;
mas ni aun las que integrantes
miembros son de su cuerpo dilatado,
proporcionadamente competentes.
   Mas como al que ha usurpado
diuturna[45] obscuridad, de los objetos
visibles los colores,
si súbitos le asaltan resplandores,
con la sobra de luz queda más ciego
–que el exceso contrarios hace efectos 500
en la torpe potencia, que la lumbre
del sol admitir luego

no puede por la falta de costumbre–,
y a la tiniebla misma, que antes era
tenebroso a la vista impedimento,
de los agravios de la luz apela,
y una vez y otra con la mano cela
de los débiles ojos deslumbrados
los rayos vacilantes,
sirviendo ya –piadosa medianera– 510
la sombra de instrumento
para que recobrados
por grados se habiliten,
porque después constantes
su operación más firmes ejerciten
–recurso natural, innata ciencia
que confirmada ya de la experiencia,
maestro quizá mudo,
retórico ejemplar, inducir pudo
a uno y otro galeno 520
para que del mortífero veneno
en bien proporcionadas cantidades
escrupulosamente regulando
las ocultas nocivas cualidades,
ya por sobrado exceso
de cálidas o frías,
o ya por ignoradas simpatías
o antipatías con que van obrando
las causas naturales su progreso
(a la admiración dando, suspendida, 530
efecto cierto en causa no sabida,
con prolijo desvelo y remirada
empírica atención, examinada
en la bruta experiencia,

por menos peligrosa),
la confección hicieran provechosa,
último afán de la apolínea ciencia,⁴⁶
de admirable triaca,⁴⁷
¡que así del mal el bien tal vez se saca!–:
no de otra suerte el alma, que asombrada   540
de la vista quedó de objeto tanto,
la atención recogió, que derramada
en diversidad tanta, aun no sabía
recobrarse a sí misma del espanto
que portentoso había
su discurso calmado,
permitiéndole apenas
de un concepto confuso
el informe embrión que, mal formado,
inordinado caos retrataba   550
de confusas especies que abrazaba
–sin orden avenidas,
sin orden separadas,
que cuanto más se implican combinadas
tanto más se disuelven desunidas,
de diversidad llenas–,
ciñendo con violencia lo difuso
de objeto tanto, a tan pequeño vaso
(aun al más bajo, aun al menor, escaso).

    Las velas, en efecto, recogidas,   560
que fió inadvertidas
traidor al mar, al viento ventilante
–buscando, desatento,
al mar fidelidad, constancia al viento–,
mal le hizo de su grado
en la mental orilla

dar fondo, destrozado,
al timón roto, a la quebrada entena,
besando arena a arena
de la playa el bajel, astilla a astilla   570
donde –ya recobrado–
el lugar usurpó de la carena
cuerda refleja, reportado aviso
de dictamen remiso:
que, en su operación misma reportado,
más juzgó conveniente
a singular asunto reducirse,
o separadamente
una por una discurrir las cosas
que vienen a ceñirse   580
en las que artificiosas
dos veces cinco son categorías:[48]
reducción metafísica que enseña
(los entes concibiendo generales
en sólo unas mentales fantasías
donde de la materia se desdeña
el discurso abstraído)
ciencia a formar de los universales,
reparando, advertido,
con el arte el defecto
de no poder con un intuitivo   590
conocer acto todo lo criado,
sino que, haciendo escala, de un concepto
en otro va ascendiendo grado a grado
y el de comprender orden relativo
sigue, necesitado
del entendimiento
limitado vigor, que a sucesivo

discurso fía su aprovechamiento:
cuyas débiles fuerzas, la doctrina   600
con doctos alimentos va esforzando,
y el prolijo, si blando,
continuo curso de la disciplina,
robustos le va alientos infundiendo,
con que más animoso
al palio glorioso
del empeño más arduo, altivo aspira,
los altos escalones ascendiendo
–en una ya, ya en otra cultivado
facultad–, hasta que insensiblemente   610
la honrosa cumbre mira
término dulce de su afán pesado
(de amarga siembra, fruto al gusto grato,
que aun a largas fatigas fue barato),
y con planta valiente
la cima huella de su altiva frente.

    De esta serie seguir mi entendimiento
el método quería,
o del ínfimo grado
del ser inanimado   620
(menos favorecido,
si no más desvalido,
de la segunda causa productiva).⁴⁹
pasar a la más noble jerarquía
que, en vegetable aliento,
primogénito es, aunque grosero,
de Thetis⁵⁰ –el primero
que a sus fértiles pechos maternales,
con virtud atractiva,
los dulces apoyó manantiales   630

de humor terrestre, que a su nutrimento
natural es dulcísimo alimento–,
y de cuatro adornada operaciones
de contrarias acciones,
ya atrae, ya segrega diligente
lo que no serle juzga conveniente,
ya lo superfluo expele, y de la copia
la substancia más útil hace propia;
y –ésta ya investigada–
forma inculcar[51] más bella,   640
de sentido adornada
(y aún más que de sentido, de aprehensiva
fuerza imaginativa),
que justa puede ocasionar querella
–cuando afrenta no sea–
de la que más lucida centellea
inanimada estrella,
bien que soberbios brille resplandores
–que hasta a los astros puede superiores,
aun la menor criatura, aun la más baja,   650
ocasionar envidia, hacer ventaja–;
y de este corporal conocimiento
haciendo, bien que escaso, fundamento,
al supremo pasar maravilloso
compuesto triplicado,[52]
de tres acordes líneas ordenado[53]
y de las formas todas inferiores
compendio misterioso:
bisagra engazadora
de la que más se eleva entronizada   660
naturaleza pura
y de la que, criatura

menos noble, se ve más abatida:
no de las cinco solas adornada
sensibles facultades,
mas de las interiores
que tres rectrices son, ennoblecida
—que para ser señora
de las demás, no en vano
la adornó sabia poderosa mano—: 670
fin de sus obras, círculo que cierra
la esfera con la tierra,
última perfección de lo criado
y último de su Eterno Autor agrado,
en quien con satisfecha complacencia
su inmensa descansó magnificencia:
fábrica portentosa
que, cuanto más altiva al cielo toca,
sella el polvo la boca
—de quien ser pudo imagen misteriosa 680
la que águila evangélica,[54] sagrada
visión en Patmos vio, que las estrellas
midió y el suelo con iguales huellas,
o la estatua eminente[55]
que del metal mostraba más preciado
la rica altiva frente,
y en el más desechado
material, flaco fundamento hacía,
con que a leve vaivén se deshacía—:
el hombre, digo, en fin, mayor portento 690
que discurre el humano entendimiento;
compendio que absoluto
parece al ángel, a la planta, al bruto;
cuya altiva bajeza

toda participó naturaleza.
¿Por qué? Quizá porque más venturosa
que todas, encumbrada
a merced de amorosas[56]
unión sería. ¡Oh, aunque repetida,
nunca bastantemente bien sabida   700
merced, pues ignorada
en lo poco apreciada
parece, o en lo mal correspondida!
Estos, pues, grados discurrir quería
unas veces, pero otras disentía,
excesivo juzgando atrevimiento
el discurrirlo todo,
quien aun la más pequeña,
aun la más fácil parte no entendía
de los más manuales[57]   710
efectos naturales;
quien de la fuente[58] no alcanzó risueña
el ignorado modo
con que el curso dirige cristalino
deteniendo en ambages su camino
–los horrorosos senos
de Plutón, las cavernas pavorosas
del abismo tremendo,
las campañas hermosas,
los Elíseos amenos,   720
tálamo ya de su triforme esposa,
clara pesquisidora registrando
(útil curiosidad, aunque prolija,
que de su no cobrada bella hija,
noticia cierta dio a la rubia diosa,
cuando montes y selvas trastornando,

cuando prados y bosques inquiriendo,
su vida iba buscando
y del dolor su vida iba perdiendo)–;
quien de la breve flor aun no sabía   730
por qué ebúrnea[59] figura
circunscribe su frágil hermosura:
mixtos, por qué, colores
–confundiendo la grana en los albores–
fragante le son gala:
ámbares por qué exhala,
y el leve, si más bello
ropaje al viento explica,
que en una y otra fresca multiplica
hija, formando pompa escarolada   740
de dorados perfiles cairelada,
que –roto del capillo el blanco sello–
de dulce herida de la cipria diosa[60]
los despojos ostenta jactanciosa,
si ya el que la colora,
candor al alba, púrpura al aurora
no le usurpó y, mezclado,
purpúreo es ampo,[61] rosicler nevado:
tornasol que concita
los que del prado aplausos solicita: 750
preceptor quizá vano
–si no ejemplo profano
de industria femenil[62] que el más activo
veneno, hace dos veces ser nocivo
en el velo aparente
de la que finge tez resplandeciente.
Pues si a un objeto solo –repetía
tímido el pensamiento–

huye el conocimiento
y cobarde el discurso se desvía;					760
si a especie segregada
—como de las demás independiente,
como sin relación considerada—
da las espaldas el entendimiento
y asombrado el discurso se espeluzna
del difícil certamen que rehúsa
acometer valiente,
porque teme —cobarde—
comprehenderlo o mal, o nunca, o tarde,
¿cómo en tan espantosa					770
máquina inmensa[63] discurrir pudiera,
cuyo terrible incomportable peso
—si ya en su centro mismo no estribara—
de Atlante a las espaldas agobiara,
de Alcides a las fuerzas excediera;
y el que fue de la esfera
bastante contrapeso,
pesada menos, menos ponderosa
su máquina juzgara, que la empresa
de investigar a la naturaleza?				780
   Otras —más esforzado—,
demasiada acusaba cobardía
el lauro antes ceder, que en la lid dura
haber siquiera entrado;
y al ejemplar osado
del claro joven[64] la atención volvía
—auriga altivo del ardiente carro—,
y el, si infeliz, bizarro
alto impulso, el espíritu encendía:
donde el ánimo halla					790

—más que el temor ejemplos de escarmiento—
abiertas sendas al atrevimiento,
que una ya vez trilladas, no hay castigo
que intento baste a remover segundo
(segunda ambición, digo).
Ni el panteón profundo
—cerúlea tumba a su infeliz ceniza—,
ni el vengativo rayo fulminante
mueve, por más que avisa,
al ánimo arrogante   800
que, el vivir despreciando, determina
su nombre eternizar en su ruina.
Tipo es, antes, modelo:
ejemplar pernicioso
que alas engendra a repetido vuelo,
del ánimo ambicioso
que —del mismo terror haciendo halago
que al valor lisonjea—
las glorias deletrea
entre los caracteres del estrago.   810
O el castigo jamás se publicara,
porque nunca el delito se intentara:
político silencio antes rompiera
los autos del proceso
—circunspecto estadista—;
o en fingida ignorancia simulara
o con secreta pena castigara
el insolente exceso,
sin que a popular vista
el ejemplar nocivo propusiera: 820
que del mayor delito la malicia
peligra en la noticia,

contagio dilatado trascendiendo;
porque singular culpa sólo siendo,
dejara más remota a lo ignorado
su ejecución, que no a lo escarmentado.

    Mas mientras entre escollos zozobraba
confusa la elección, sirtes[65] tocando
de imposibles, en cuantos intentaba
rumbos seguir –no hallando   830
materia en que cebarse
el calor ya, pues su templada llama
(llama al fin, aunque más templada sea,
que si su activa emplea
operación, consume, si no inflama)
sin poder excusarse
había lentamente
el manjar trasformado,
propia substancia de la ajena haciendo:
y el que hervor resultaba bullicioso   840
de la unión entre el húmedo y ardiente,
en el maravilloso
natural vaso,[66] había ya cesado
(faltando el medio), y consiguientemente
los que de él ascendiendo
soporíferos, húmedos vapores
el trono racional embrazaban
(desde donde a los miembros derramaban
dulce entorpecimiento),
a los suaves ardores   850
del calor consumidos,
las cadenas del sueño desataban:
y la falta sintiendo de alimento
los miembros extenuados,

del descanso cansados,
ni del todo despiertos ni dormidos,
muestras de apetecer el movimiento
con tardos esperezos
ya daban, extendiendo
los nervios, poco a poco, entumecidos, 860
y los cansados huesos
(aun sin entero arbitrio de su dueño)
volviendo al otro lado–,
a cobrar empezaron los sentidos,
dulcemente impedidos
del natural beleño,⁶⁷
su operación, los ojos entreabiertos;
y del cerebro, ya desocupado,
las fantasmas huyeron,
y –como de vapor leve formadas– 870
en fácil humo, en viento convertidas,
su forma resolvieron.
Así linterna mágica,⁶⁸ pintadas
representa fingidas
en la blanca pared varias figuras,
de la sombra no menos ayudadas
que de la luz que en trémulos reflejos
los competentes lejos
guardando de la docta perspectiva,
en sus ciertas mensuras 880
de varias experiencias aprobadas,
la sombra fugitiva,
que en el mismo esplendor se desvanece,
cuerpo finge formado
de todas dimensiones adornado,
cuando aun ser superficie no merece.

En tanto, el padre de la luz ardiente,
de acercarse al oriente
ya el término prefijo conocía,
y al antípoda opuesto despedía   890
con transmontantes rayos:
que –de su luz en trémulos desmayos–
en el punto hace mismo su occidente,
que nuestro oriente ilustra luminoso.
Pero de Venus, antes, el hermoso
apacible lucero
rompió el albor primero,
y del viejo Tithón la bella esposa
–amazona de luces mil vestida,
contra la noche armada,   900
hermosa si atrevida,
valiente aunque llorosa–,
su frente mostró hermosa
de matutinas luces coronada,
aunque tierno preludio, ya animoso
del planeta fogoso,
que venía las tropas reclutando
de bisoñas vislumbres
–las más robustas, veteranas lumbres
para la retaguardia reservando–,   910
contra la que, tirana usurpadora
del imperio del día,
negro laurel de sombras mil ceñía
y con nocturno cetro pavoroso
las sombras gobernaba,
de quien aun ella misma se espantaba.
Pero apenas la bella precursora
signífera del sol, el luminoso

en el oriente tremoló estandarte,
tocando al arma todos los suaves   920
si bélicos clarines de las aves
(diestros, aunque sin arte,
trompetas sonorosos),
cuando —como tirana al fin, cobarde,
de recelos medrosos
embarazada, bien que hacer alarde
intentó de sus fuerzas, oponiendo
de su funesta capa los reparos,
breves en ella de los tajos claros
heridas recibiendo   930
(bien que mal satisfecho su denuedo,
pretexto mal formado fue del miedo,
su débil resistencia conociendo)—,
a la fuga ya casi cometiendo
más que a la fuerza, el medio de salvarse,
ronca tocó bocina
a recoger los negros escuadrones
para poder en orden retirarse,
cuando de más vecina
plenitud de reflejo fue asaltada,   940
que la punta rayó más encumbrada
de los del mundo erguidos torreones.

    Llegó, en efecto, el sol cerrando el giro
que esculpió de oro sobre azul zafiro:
de mil multiplicados
mil veces puntos, flujos mil dorados
—líneas, digo, de luz clara— salían
de su circunferencia luminosa,
pautando al cielo la cerúlea plana;[69]
y a la que antes funesta fue tirana   950

de su imperio, atropadas embestían:
que sin concierto huyendo presurosa
—en sus mismos horrores tropezando—
su sombra iba pisando,
y llegar al ocaso pretendía
con el (sin orden ya) desbaratado
ejército de sombras, acosado
de la luz que el alcance le seguía.
Consiguió, al fin, la vista del ocaso
el fugitivo paso,   960
y —en su mismo despeño recobrada
esforzando el aliento en la ruina—
en la mitad del globo que ha dejado
el sol desamparada,
segunda vez rebelde determina
mirarse coronada,
mientras nuestro hemisferio la dorada
ilustraba del sol madeja hermosa,
que con luz judiciosa
de orden distributivo, repartiendo   970
a las cosas visibles sus colores
iba, y restituyendo
entera a los sentidos exteriores
su operación, quedando a luz más cierta
el mundo iluminado, y yo despierta.[70]

Prosificación

I. La invasión de la noche

Una sombra funesta (o fúnebre) y piramidal, que parecía nacer de la tierra, encaminaba hacia el Cielo la altiva punta de sus vanos obeliscos (vanos, por ser de sombra y por fallar su intento), como si pretendiese subir hasta las Estrellas. Pero las luces de éstas –siempre rutilantes y libres de aquel asalto– burlaban la tenebrosa guerra que con negros vapores les declaraba la misma Sombra impalpable, "fugitiva" ante el tacto. Quedaban las Estrellas, en efecto, aún tan distantes y remontadas, que el atezado ceño (la negra cólera) de la Tiniebla, ni siquiera llegaba al "convexo" (o sea, a la superficie exterior) de la Esfera de la Luna –la Diosa que es tres veces hermosa, con sus tres hermosas "fases", o faces–, y sólo dominaba en nuestra atmósfera sublunar, cuya diafanidad empañaba como con un denso vaho. Pero "contenta" (o limitada) en tal imperio, que ella misma tornaba silencioso, no le consentía más rumor que las voces asordinadas ("sumisas") de las Aves nocturnas, tan obscuras y graves, que parecían no interrumpir el silencio.

25   Con tardo vuelo y canto –desapacible para el oído, y más para el ánimo–, la avergonzada Nictimene

(la Lechuza, que fue una doncella de Lesbos, metamorfoseada en tal ave en pena de un infando delito) acecha o espía los resquicios de las puertas sagradas de los Templos, o los huecos más propicios de sus altas claraboyas, que puedan ofrecerle capaz entrada; y cuando acaso logra penetrar, se aproxima –sacrílega– a las sacras lámparas de llama perenne, que ella apaga o extingue, si ya no es que la "infama" con peores irreverencias, consumiendo o bebiéndose su aceite: la materia crasa –o la "grasa"–, convertida en claro licor, que había suministrado el árbol de Minerva (el Olivo), como un sudor congojoso y un tributo forzado, cuando sus aceitunas fueron exprimidas bajo el peso de las prensas.

39   También aquellas tres doncellas Tebanas –las hijas de Minias, que incrédulas de la deidad de Baco, en vez de acudir a sus cultos, proseguían laboriosas sus tejidos y se entretenían en narrarse las leyendas de Píramo y Tisbe o de Marte y Venus, por lo que el Numen arrasó su casa, convirtió sus telas en hiedras y pámpanos, y a ellas las metaforfoseó en Murciélagos–, forman ahora como una segunda niebla (como una nueva obscuridad dentro de la obscuridad), temiendo ser vistas aun en medio de las tinieblas, por su triste aspecto de aves con alas pero sin plumas. A tales tres Hermanas temerarias, que así desafiaron a Baco trabajando en sus fiestas, su castigo tremendo le dio unas alas de parda y desnuda piel, tan ridículas que son mofa aun para las Aves Nocturnas más horribles. Y éstas, en compañía con el Búho (Ascálafo, el indiscreto espía de Plutón, que por haber delatado

una mínima falta de Proserpina se convirtió en esta Ave que ahora sirve a los agoreros de supersticioso indicio), componían, ellos solos, la "no canora Capilla", el ríspido Coro de la Noche, mezclando sus varias notas –"máximas", "negras", "longas"– con sus aún más frecuentes pausas, y tal vez aguardando el torpe avanzar de la perezosa "mensura" o ritmo –de "proporción mayor"– que con movimiento flemático les marcaba el viento: ritmo de tan detenido y tardo compás, que entre una y otra "batuta", el propio viento se quedaba a veces dormido.

65   Así, pues, este triste rumor, cortado por pausas (o "intercadente") de la turba "asombrada" (entenebrecida pávida: de sombra y asombro), y al mismo tiempo "temerosa" (o capaz de infundir temor), no despertaba la atención, sino más bien inspiraba somnolencia. Su música lenta y "obtusa" (nada "aguda"), inducía al sosiego y convidaba al reposo de los miembros, de igual modo que la Noche –como un silencioso Harpócrates, la deidad egipcia y griega que sellaba con un dedo sus labios– intimaba el silencio a los vivientes...: a cuyo precepto imperioso, aunque "no duro" (pues que es tan suave acatarlo), todos obedecieron.

II. El sueño del Cosmos

80   Sosegado ya el viento, y dormido el can, éste yace, y aquél –en absoluta quietud– no mueve ni aun sus propios átomos, temiendo hacer, con su ligero su-

surro, algún sacrílego rumor que, aunque mínimo, profane o viole la sagrada calma nocturna... El Mar, apaciguado su tumulto, ni siquiera mecía sus olas, que son la azul y móvil cuna en que duerme el Sol... Los Peces, siempre mudos, y ahora dormidos en sus lamosas grutas submarinas, eran mudos dos veces... y no muy lejos de ellas, igualmente dormían los Pájaros Marinos, como Alcione –la antes hermosa hija de Eolo–, que había transformado en peces (cautivándolos con las redes de su amor) a sus incautos amantes, y que luego –siendo ya esposa de Céix o Ceico, rey de Tracia, y arrojándose desde la costa sobre su cadáver náufrago–, fue metamorfoseada, igual que él, en Alción o Martín Pescador (con desventura en que pudiera verse una "venganza" o castigo de sus juveniles crueldades).

97 En los escondrijos del monte y en los cóncavos huecos de las rudas peñas –defendidos por la fragosidad de su altura, pero aún mejor asegurados por la obscuridad de su interior, capaz de hacer juzgar a mediodía que es de noche, y todavía incógnita hasta para el seguro pie montaraz del cazador más experto–, yacía también dormido todo el vulgo de los Brutos, depuesta u olvidada su ferocidad o su timidez, pagando a la Naturaleza el universal tributo del sueño, impuesto por su poder. Hasta el León, el Rey de los Animales –de quien fabulaban los viejos Naturalistas que dormía sin bajar los párpados–, él tampoco dejaba de dormir, aunque 'afectando vigilancias' (o sea, fingiendo velar), con los ojos abiertos.

113   El que fue antaño Príncipe glorioso, –el cazador Acteón, que por sorprender a Diana y sus Ninfas en los estanques del Eurotas, fue trocado en Ciervo y desgarrado por su propia jauría–, convertido ya en tímido Venado, también duerme en la selva; pero, "con vigilante oído", mueve una u otra de sus aguzadas orejas al más imperceptible temblor que agite los átomos del aire tranquilo, y escucha aquel ligero rumor, que aun entre el sueño lo sobresalta... Y recogida en la quietud de sus nidos –frágiles y móviles hamacas, que formó con lodo y brozas, en lo más espeso y sombrío del bosque–, duerme la "leve turba" (la voladora muchedumbre) de los Pájaros, mientras el Viento mismo también descansa del tráfago con que durante el día lo cortan sus alas.

129   El Águila, el Ave noble de Júpiter –por no entregarse entera al reposo, que (como Reina que es de los pájaros) considera vicio si pasa de lo indispensable, por lo cual vive cuidadosa de no incurrir en culpas de omisión, por falta de vigilancia–, confía su entero peso a una de sus patas, apoyada toda en sólo ella, mientras que con la otra mantiene levantada una piedrecilla, que le servirá de reloj despertador al desprendérsele apenas dormite, para que así, cuando no pueda menos de caer por algún instante en el sueño, éste no pueda dilatarse, sino que al punto se lo interrumpa su regio deber de la vigilancia pastoral. ¡Oh gravosa carga de la Majestad (duro deber anexo a la Autoridad), que no permite ni el menor descuido, siendo ésta acaso la razón que ha hecho –por misterio o símbolo– que la corona sea circular, significan-

do, en su cerrado círculo dorado, que el afán y desvelo del buen gobernante debe ser no menos continuo!

147   El Sueño en fin, se había ya apoderado de todo; todo lo dominaba ya el silencio: hasta los salteadores nocturnos dormían, y hasta los trasnochadores amantes ya no se desvelaban.

III. El dormir humano

151   Ya casi iba pasando el "conticinio", y la noche iba a su mitad siendo ya presa del sopor los miembros fatigados de las diurnas tareas y no sólo oprimidos por el peso del trabajo corporal, sino también cansados del deleite –puesto que todo objeto continuado, aun el más deleitoso, acaba por fatigar los sentidos, porque la Naturaleza pide siempre alternar el reposo y la actividad, como inclinándose alternativamente ya uno o ya otro de estos dos platillos de esa balanza (de ese "fiel, infiel": fiel por lo ordenado, e infiel por su alternada inclinación a uno u otro de ambos extremos), con que rige y mantiene en equilibrio la "aparatosa máquina" del mundo, su espléndida y compleja organización–. Entonces, dominados ya los miembros por el dulce y profundo sopor, los sentidos quedaron, si no privados por siempre, sí suspendidos (temporalmente) de su actividad ordinaria –que es trabajo, aunque amado, si es que hay amable trabajo–; y con ello, quedaron en quietud, cediendo ya al Sueño –imagen o retrato de la Muerte–, el cual, armado lentamente, embiste cobarde con sus armas

soñolientas, y con ellas vence (no ya violento, sino perezoso) a todo hombre, desde el más humilde pastor al altivo rey, sin hacer distinción entre el sayal y la púrpura, puesto que su rasero no conceptúa como privilegiada a persona alguna, desde el Papa (cuya tiara suprema se forma de tres coronas) hasta el labradorcillo que vive en una choza de paja, y desde el Emperador (cuyo palacio dora el caudaloso Danubio) hasta el ínfimo pescador que pernocta bajo un techo de pobres juncos. Morfeo, en efecto, –imagen poderosa de la Muerte, también en esto–, mide con siempre igual vara o medida los tejidos más burdos y los brocados.

192 El Alma, pues –suspensa o descargada del gobierno exterior y del material empleo de las actividades sensitivas, en cuya ocupación da el día por bien o mal gastado–, ya ahora (en cierto modo alejada, ya que no separada enteramente de los lánguidos miembros y de los huesos sosegados, oprimidos por la muerte temporal que es el Sueño), únicamente les suministra los dones del calor vegetativo, siendo entonces el cuerpo, en esa quietud, como un cadáver con alma, muerto si comparamos su estado con el de la vida normal, aunque vivo si lo cotejamos con la muerte absoluta: manifestando señas de dicho persistir de la vida, aunque algo tardas o escasas, el vital "volante" (o cuerda) de ese reloj humano –el corazón–, que con los tranquilos y armoniosos latidos de sus arterias, ya que no con manecillas, da unas pequeñas muestras de su bien regulado movimiento.

210 Al Corazón, además, –rey de nuestros miembros, y centro vivo de nuestros espíritus vitales–, se asocia en esto el Pulmón, ese fuelle respirante que es como un imán que atrae el aire a nuestro interior, y que ora comprimiendo, ora dilatando el flexible acueducto de músculos que es nuestra garganta, hace que en él resuelle el aire fresco que inhala de la atmósfera circundante, y que luego expele una vez que se ha calentado, el cual se venga de su expulsión robándonos cada vez un poco de nuestro calor natural y de nuestra vida: robos pequeños, que ahora ni siquiera sentimos, pero que nunca se recuperan y que vendrá algún tiempo en que los lloremos, pues no hay "robo pequeño" –o desdeñable y venial– cuando éste se repite muchas veces (ni menos, cuando se hace a cada instante, día y noche, por toda la vida).

226 El Corazón y los Pulmones, como decíamos, –testigos ambos sin tacha–, aseguraban la persistencia de la vida. Pero impugnaban esta información (aunque con voces mudas y sin aducir otro alegato que su silencio) todos los sentidos callados e inoperantes; e igualmente la lengua, por el hecho mismo de no poder hablar, también desmentía a aquéllos, reducida a torpe mudez. A favor de la vida, sin embargo, militaba además otro testimonio: el de la más competente o maravillosa oficina científica del calor, y próvida despensera de todos los miembros, que –jamás avara y siempre diligente– no prefiere a las partes del organismo más cercanas a ella, ni olvida a las más remotas, sino que procede como si tuviera rigurosamente anotada la ración que a cada una debe tocarle

en la distribución del "quilo" que el incesante "calor natural" ha destilado de los alimentos: del manjar que –como piadoso medianero– interpuso su inocente substancia entre ese "calor" y el "húmedo radical", pagando él por entero la compasión o la necia temeridad con que la expuso al peligro, según suele acaecer (por merecido castigo, si ello era ocioso), a aquél que se entremete en riña ajena y sale golpeado.

252 El Estómago, pues, –esa templada hoguera del calor humano, en la que se cuecen los alimentos, ya que no se forjen allí los rayos, como en la herrería de Vulcano–, enviaba al Cerebro los vahos de los "cuatro humores" que mutuamente se tiemplan: vapores húmedos, mas en esta ocasión tan claros, que con ellos no sólo no empañaba u opacaba las diurnas imágenes sensoriales que la facultad "estimativa" (o sea, aquí, la "central" de los sentidos exteriores) trasmite a la "imaginativa", y que ésta –más clarificadas– entrega, para que las atesore más fielmente, a la "memoria", quien diligente las esculpe en sí y las guarda tenaz; sino que esos vapores, de tan claros, dejaban desahogo a la "fantasía" para sus nuevas creaciones.

IV. El sueño de la intuición universal

266 Al modo que en el terso espejo del Faro de Alejandría –cristalina maravilla y amparo peregrino de aquella isla de Faros–, se veían a inmensa distancia de casi todo el reino de Neptuno (sin que esta lejanía

lo impidiese) las naves que remotas lo surcaban, distinguiéndose claramente el número, el tamaño y la fortuna que esos arriesgados navíos tenían en la movediza llanura transparente, mientras sus velas leves y sus pesadas quillas se abrían camino entre los vientos y las aguas; así, de igual manera, la Fantasía, tranquila, iba copiando todas las imágenes de las cosas, y –con mentales colores, luminosos aunque sin luz– su pincel invisible iba trazándose no sólo las efigies de todas las criaturas sublunares o terrestres, sino también las de aquéllas otras que son como unas claras estrellas intelectuales –los espíritus puros y los conceptos abstractos, pues hasta donde cabe para ella la aprehensión de lo invisible o inmaterial, la propia Fantasía las representaba en sí, por ingeniosos medios, para exhibirlas al Alma.

292 El Alma misma, entre tanto, reconcentrada toda ella en una como intuición de su propio ser espiritual y su esencia hermosa, contemplaba esa centella o chispa de Dios que goza dentro de sí, por participación que Él mismo le dio, al haberla creado a Su semejanza. Juzgándose, además, casi desatada de la cadena del cuerpo, que la tiene siempre ligada y que grosera y torpe le dificulta el vuelo intelectual con que ora mide la inmensidad del firmamento, ora estudia el armonioso y a la par variadísimo giro de las estrellas –especulación astronómica que, cuando degenera en la "Astrología Judiciaria", al querer vanamente predecir los futuros libres, es una grave culpa y lleva en sí su justo castigo, siendo un cruel torcedor que le roba al hombre la paz–; el Alma, digo (creyén-

dose casi una "Inteligencia separada", al modo de los Ángeles), se veía puesta, a su parecer, en la cumbre altísima de una Montaña tal que junto de ella era un obediente enano el Monte Atlas que preside a todos los otros, y ni siquiera merecía llegar a ser su falda el Olimpo –cuya serena frente descuella sobre las tempestades, sin que la violen jamás los vientos–, pues las nubes que son obscura corona del Monte más elevado o del más soberbio entre los Volcanes que parecen gigantes que asaltan al Cielo y le intiman guerra, apenas si serán una densa faja de su enorme cintura, o un tosco cíngulo que, mal ceñido a ella, el viento lo sacude y lo desata, o que el calor del Sol, allí más próximo, lo disipa, como bebiéndoselo...

327 De tal Montaña, pues, aun a la zona más inferior –o sea, al tercio primero de su espantable altura–, jamás pudo llegar el raudo vuelo del Águila, que se encumbra en el Cielo y que le bebe los rayos al Sol, ávida de anidar entre sus fulgores: y esto, aunque ha pretendido, trepando por la escalera del aire, que sus dos alas "rompan la inmunidad" –o pasen los linderos inviolables– de aquella cumbre, y por más que ha esforzado como nunca su brío, ya batiendo sus dos velas de pluma (sus alas mismas), ya peinando la atmósfera con sus garras (como nadando en el viento).

V. "Intermezzo" de las Pirámides

340 Las dos Pirámides –ostentaciones de Menfis (vano, o envanecido por ellas) y esmero máximo de

la Arquitectura, si es que no ya pendones (sólidos, en vez de tremolantes)–, cuya eminencia, coronada de bárbaros trofeos, sirvió a los Faraones de túmulo, y a la vez de estandarte que pregonaba al viento y a las nubes, cuando no al propio Cielo, las glorias de Egipto que ni la Fama podía cantar, enmudecida ante su muchedumbre, y las proezas de Menfis, su siempre vencedora y magna Ciudad, que hoy es El Cairo, de esta manera impresas en el viento y el Cielo;

354 estas dos moles, cuya estatura se elevaba con tal arte al irse adelgazando (y así "aumentaba", en armoniosa simetría, al "disminuirse"), que, cuanto más se encaminaba al Cielo, desaparecía entre los vientos a los ojos que la miraban, aunque fuesen de lince, sin permitirles mirar la fina cúspide que parece tocar el primer orbe –o la celeste esfera de la Luna–, hasta que ya rendida la mirada por el pasmo, y no bajando poco a poco, sino despeñándose de tal excelsitud, se hallaba al pie de la extendida base, sin recobrarse de pronto, o recobrándose mal, del vértigo que fue grande castigo de la voladora osadía de los ojos;

369 estas construcciones cuyos cuerpos opacos, no contrarios al Sol, sino avenidos con sus luces y aun confederados con él (como limítrofes que eran), se veían tan íntegramente bañados por su resplandor que –iluminados siempre en todas sus caras– nunca ofrecieron al fatigado aliento y a los débiles pies de los caminantes acalorizados la alfombra menos cálida, no ya digamos de una sombra, por pequeña que fuese, mas ni siquiera de una señal de sombra…;

379   éstas, pues, –prescindiendo de que hayan sido meros monumentos civiles: "glorias de Egipto", o de que hayan tenido una función idolátrica: "bárbaros jeroglíficos de ciego error"–, se revisten de un hondo simbolismo en Homero: el dulcísimo y también Ciego vate de Grecia (salvo que, por narrar las gestas de Aquiles y las astucias bélicas de Ulises, lo reclame por suyo el gremio de los historiadores, para aumentarle a su catálogo "más gloria que número", valiendo él solo por muchos); de cuya dulce serie numerosa de versos –"numerosa", por tantos y por armoniosos–, sería más arduo el robar un solo hemistiquio de los que le inspiró Apolo benigno, que no el arrebatar su fulminante rayo al temido Júpiter, o su pesada y férrea clava (o macana) a Hércules.

399   Según el aludido sentir de Homero, efectivamente, las Pirámides sólo fueron símbolos materiales, signos externos, de las dimensiones interiores que son especies intencionales del Alma –esto es, de la "actitud del espíritu humano"–: pues como la ambiciosa llama ardiente sube al Cielo en punta piramidal, así el Alma trasunta esa figura, y siempre aspira a la Causa Primera, que es el Centro al que tienden todas las líneas rectas (toda verdad y todo justo anhelo), y la Circunferencia infinita que en Sí contiene –virtual y eminentemente– todas las esencias.

VI. La derrota de la intuición

412 Estos dos Montes artificiales, por tanto –estas dos maravillas, y aun dijérase que milagros–, y aun aquella blasfema y altiva Torre de Babel, de quien hoy (no ya en escombros de piedra, sino en la variedad de las lenguas, más indeleble a través del tiempo que todo lo devora) son todavía señales dolorosas los idiomas diversos que dificultan el sociable trato de las varias razas y naciones, haciendo que por sólo la extrañeza idiomática parezcan diferentes los hombres que hizo unos –esencialmente iguales– la Naturaleza...; las Pirámides, digo, y aquella torre, si se comparan a la excelsa Pirámide Mental en donde el Alma se miró situada, sin saber cómo, quedarían rezagadas tan abajo –tan inferiores en ese vuelo hacia lo alto–, que cualquiera juzgaría que la cima de esta Pirámide Mental era ya alguna de las Esferas celestes, pues el ambicioso anhelo del Alma encumbrándose en su propio vuelo, la alzó hasta la parte más excelsa de su mismo espíritu, tan remontada sobre sí misma, que se le figuraba haber salido de sí y pasado a alguna nueva región.

435 Desde tamaña altura, casi inconmensurable, el Alma –la suprema Reina soberana de lo sublunar, poseída a la vez de júbilo, suspensión, asombro y orgullo–, sin temer la distancia ni recelar de algún obstáculo opaco que interpuesto le oculte objeto ninguno, tendió la vista perspicaz de sus bellos ojos intelectuales –libre de todo embarazo de "anteojos" u otros adminículos–, en la libre visión de todo lo

creado: cuyo inmenso conjunto o cúmulo inabarcable, aunque –manifiesto a la vista– quiso dar señas de posible, no le dejó la mínima esperanza a la comprehensión: la cual retrocedió cobarde, entorpecida con la sobra de objetos y excedida su potencia por la magnitud de los mismos. No con menos rapidez tuvo que revocar su intención, arrepentida del audaz propósito, la vista que –descomedida– quiso en vano alardear contra el objeto que sobrepuja en excelencia a las pupilas: contra el Sol, digo, –el cuerpo luminoso–, cuyos rayos, despreciando las fuerzas desiguales que lo desafían, son la pena de fuego que castiga ese audaz ensayo, presuntuoso antes y después lamentado: imprudente experiencia, tan costosa, que (como Ícaro pagó su osado aproximarse al Sol, ahogándose en el mar al derretirse sus alas de cera), así a este otro Ícaro pequeñuelo, que trató de mirar al Sol, lo anegó el propio llanto en que hubo de deshacerse.

469 El ojo, pues, que osó clavarse en el Sol, no desistió tan rápido de su osadía, como aquí se rindió el Entendimiento, vencido por la inmensa multitud de tan complejas y diversas especies –que entre todas eran como un pesadísimo globo terráqueo que debieran sostener sus débiles hombros–, no menos que pasmado por las cualidades de cada uno de tan incontables objetos, al grado de que –pobre en medio de tamaña abundancia, y por ella misma, y confusa su elección en las neutralidades de aquel mar de asombros, sin poder decidirse a atender más bien a una que a otra de tantas maravillas–, se encontraba ya a punto de naufragar ("equívoco", o sin norte) en

aquellas olas. Precisamente por mirarlo todo, nada veía: y —embotado el Intelecto en tantas y tan difusas especies inabarcables que contemplaba, desde el uno hasta el otro de los ejes (o "polos") en que estriba la máquina giradora del firmamento—, no podía discernir, no ya digamos las partes sólo "perfeccionantes" del Universo (o sea, aquellas minucias accidentales que parecen tender únicamente a su ornato), mas ni siquiera las partes "integrantes", que son como los miembros, armoniosamente proporcionados, de la misma estructura substancial de su enorme cuerpo.

495 Acaecióle, en seguida, lo que a aquél a quien una larga obscuridad le ha robado los colores de los objetos visibles, que —si lo asaltan súbitos resplandores— queda más ciego con la sobra de luz, porque el exceso produce efectos contrarios en la débil potencia: el cual no puede recibir de nuevo la lumbre del Sol, por hallarse deshabituado, y contra esas ofensas de la luz apela a las tinieblas mismas que antes le eran obscuro obstáculo de su vista, y una vez y otra esconde con su mano las trémulas pupilas de sus débiles ojos deslumbrados, sirviéndole la sombra —ya ahora como piadosa medianera— de instrumento para que paulatinamente se habiliten y recobren, a fin de que después —ya constantes y sin desfallecer— ejerciten más firmes su operación. Recurso natural, éste de convertir el daño en remedio: sabiduría instintiva, que —confirmada por la experiencia— pudo quizá ser el maestro sin palabras y orador ejemplar que indujo a los Médicos para que —dosificando escrupulosamente las secretas virtudes nocivas del veneno mortí-

fero, ya por el sobrado exceso de sus propiedades cálidas o frígidas, o ya por las ocultas simpatías o antipatías con que operan las causas naturales, y logrando, al progresar en sus ensayos, ofrecer a nuestra suspensa admiración ese efecto innegable, aunque ignoremos su causa–, con prolijo desvelo y con atenta y remiradora experimentación (aquilatada primero, como menos peligrosa, en los brutos animales), descubrieran la provechosa confección de los maravillosos contravenenos –ambición la más alta de la ciencia de Apolo, el dios de la Medicina–, pues así es como el bien se saca a veces del mal.

540 No de otra suerte tuvo que acogerse a la sombra, y cerrar de pronto sus ojos, el Alma que se había quedado atónita por la visión de tamaño objeto: de todo el Cosmos. Recogió, por lo tanto, la atención, que –dispersa en tanta diversidad– ni siquiera lograba recobrarse del portentoso estupor que le había paralizado el raciocinio, sin dejarle sino apenas el informe embrión de un concepto confuso: porque éste –mal formado– exhibía sólo un caos de las revueltas especies que abrazaba, sin ningún orden ni en su unidad ni en su división; las cuales –mientras más se entrelazaban–, resultaban más incoherentes o incompatibles, por lo disímbolas, ciñendo con violencia lo desbordante de objeto tan enorme a un vaso tan breve como es el de nuestro entendimiento (o el de uno de nuestros conceptos): recipiente ya escaso de por sí hasta para acoger la idea exhaustiva de uno cualquiera, aun el ínfimo y más humilde, de tantos seres.

VII. El sueño de la omnisciencia metódica

560 Recogidas, así, las desplegadas velas que inadvertidamente había confiado al mar traicionero y al viento que agitaba sus alas, creyendo hallar constancia en el viento instable y fidelidad en el sordo mar ("desatento" a todas las súplicas), aquella tempestad obligó al Alma, mal de su grado, a que encallara en la "mental orilla" –en la costa del océano del conocimiento–, regresando a su punto de partida con el timón destrozado y con los mástiles rotos, y besando las astillas de su bajel las arenas de aquella playa; y en ella, recobrado el Entendimiento, le sirvió de "carena" (o sea, lo reparó y calafateó) la cuerda reflexión y templada prudencia de un juicio discreto, que –refrenado en su misma actividad– estimó más conveniente el reducirse a algún asunto particular, o ir estudiando separadamente, grupo tras grupo, las cosas que se pueden sintetizar en cada una de las Diez Categorías en que las ordenó el arte lógica de Aristóteles: reducción metafísica que –captando las entidades genéricas en unas ideas o fantasías mentales donde la razón, al abstraer lo esencial, se desentiende de su materia concreta–, enseña a formar ciencia de los Universales (de los géneros y las especies). Con lo cual se subsana sabiamente nuestra incapacidad natural de poder conocer con una sola intuición todo lo creado; y haciendo escala de un concepto al otro, va dicho arte subiendo grada por grada, y sigue el orden relativo del comprender unas cosas por su relación con otras, obligado por el limitado vigor del Intelecto, que fía sus progresos a un sucesivo discurso, y cu-

yas débiles fuerzas va robusteciendo con sabia nutrición la doctrina. Porque el continuo y largo –aunque atractivo– curso de la enseñanza, le va infundiendo alientos robustos, con los cuales aspira altivo –ya más fortalecido– al glorioso palio (o laurel) del más arduo empeño, ascendiendo los altos escalones, mediante su cultivo, primero en una y luego en otra facultad, hasta que sin sentirlo contempla la honrosa cúspide de la Sabiduría –la dulce meta de su ya pretérito afán, y el dulce fruto de su siembra amarga, tan sabroso a su gusto que lo estima barato aun al precio de esas dilatadas fatigas–, y con pie valeroso, huella la erguida frente de tal Montaña.

VIII. Las escalas del ser

617 Mi Entendimiento, pues, quería seguir el método de esta ordenada sucesión de actividades cognoscitivas: o sea, partiendo de los seres inanimados (o Minerales), –los menos favorecidos, por no decir que desvalidos, por la Naturaleza, que es la "causa segunda" que los produjo–, pasar después a la jerarquía, más noble, que –ya con vida vegetativa– es el primogénito, aunque grosero, de Thetis (o sean, las Aguas): el Reino Vegetal, que fue el primero que, con su virtud succionadora, les oprimió a sus fértiles pechos maternales las dulces fuentes de ese jugo terrestre, que es el alimento dulcísimo para su natural nutrición; y jerarquía, ésa misma, que –adornada de cuatro operaciones contrarias–, ora atrae esas savias de la tierra, ora aparta cuidadosa lo que de entre ellas

no le resulta asimilable, ora expele esos elementos superfluos, y ora, en fin, convierte en su propia substancia las substancias más útiles de entre las que había acopiado.

639 Investigada ya esta jerarquía de los seres (los vegetales), proyectaba mi Entendimiento dar otro paso: profundizar otra más bella forma de vida (la sensitiva, o sea el Reino Animal), enriquecida de sentidos y –lo que es más– de imaginación, potencia capaz de aprehender las imágenes de los objetos y digna de provocarle envidia –ya que no de causarle afrenta– a la Estrella inanimada que centellea más luminosa, por más que luzca resplandores soberbios, pues aun la más pequeña y baja creatura, entre las vivientes, les lleva una envidiable ventaja (por este privilegio de la vida) hasta a los Astros más remontados.

652 Haciendo de esta ciencia de los cuerpos (inanimados y vivientes, vegetales y animales) el cimiento –aunque escaso– para una superior construcción, quería mi Entendimiento pasar después al supremo y maravilloso compuesto triplicado, que ordenadamente reúne tres acordes líneas –el "Compuesto Humano", que goza vida vegetativa, sensitiva y racional–, y que es un misterioso compendio de todas las formas inferiores (mineral, vegetal, animal, espíritu y, en suma, un "Microcosmos" o "Universo sintético"): bisagra engarzadora, o nexo y punto de encuentro, de la naturaleza pura que se eleva en el trono más alto (los Espíritus Angélicos), y de la menos noble y más baja de las creaturas (los cuerpos ináni-

mes); ataviada no sólo con las cinco facultades sensibles –los sentidos del ver, oír, oler, gustar y tocar–, sino también ennoblecida con las tres facultades interiores –memoria, entendimiento y voluntad–, que son las rectrices o dirigentes de nuestra vida propiamente humana (y, en cierto modo, de toda la Naturaleza a la que el hombre domina con su razón y su libertad), puesto que aquella Sabia y Poderosa Mano de Dios así la enriqueció, y no en vano, para que fuese la Señora de las demás creaturas del orbe: término de Sus Obras, círculo en que se juntan la tierra y el Cielo, última perfección de lo creado, y suprema complacencia de su Eterno (o "Terno": Trino) Hacedor, y en quien, con satisfecho beneplácito, reposó (o dio por terminada la Creación) Su inmensa magnificencia; fábrica o construcción portentosa, que, cuanto más altiva llega a tocar el cielo, el polvo –al que retorna por la muerte– le sella (o cierra) la boca: de quien pudo ser símbolo misterioso la sagrada visión que el Águila Evangélica –el Apóstol San Juan, autor humano del Apocalipsis– contempló en Patmos, la cual midió las estrellas y el suelo con iguales huellas, o bien aquella Estatua colosal que soñó el rey Nabucodonosor, que ostentaba la rica y altiva frente hecha de oro, y que tenía por base la más desdeñada y frágil materia –los pies de barro–, por lo cual se deshacía con un ligero vaivén.

690 El Hombre, digo, en fin: maravilla más grande que cuantas hubiera podido discurrir o fantasear nuestra mente: síntesis absoluta (o cabal) que exhibe las perfecciones del Ángel y del bruto y de la planta,

y cuya "altiva bajeza" –cuya fusión de lo alto y de lo bajo– participa de la naturaleza de todas las restantes creaturas. ¿Y esto, por qué? ¿A qué fin habrá querido Dios que la naturaleza humana fuera un "microcosmos" o compendio del Universo? Quizá porque ella, más feliz que todas, sería encumbrada hasta la propia personalidad del Verbo de Dios, gracias a la amorosa Unión Hipostática entre la naturaleza humana y la Naturaleza Divina, en la Persona única de Cristo, verdadero Dios y Hombre. ¡Oh merced inefable! ¡Oh gracia nunca bien penetrada, aunque tan repetida, pues que parecería que la ignorásemos, a juzgar por lo poco que la apreciamos o lo mal que le correspondemos!

IX. La sobriedad intelectual

704 Por estos grados, pues –el mineral, el vegetal, el bruto, y de éste, en fin, al hombre, al ángel y a Dios–, quería unas veces ir avanzando mi Entendimiento; pero otras, disentía (o desistía), juzgando atrevimiento excesivo el que quisiera razonarlo todo, quien no entendía ni siquiera la parte más fácil y pequeña de los efectos naturales que más a mano tenemos.

Tal, en efecto, es el hombre, que no alcanza a explicarse el ignoto modo con que la fuente risueña –aquí, en concreto, la fuente Aretusa, que nacida en Acaya, se hunde en el subsuelo, y reaparece, pasado el mar, en Sicilia–, dirige su carrera cristalina, deteniendo su marcha en ambages (o vueltas y revueltas), y registrando –clara "pesquisidora" o inspectora–

esos obscuros tramos subterráneos que se creerían los espantables senos de Plutón (los antros infernales), y las alegres praderas se parecen los amenos Campos Elíseos, que antaño fueron el tálamo de la triforme esposa del mismo Rey del Averno (Proserpina o Perséfone: "triforme" por ser primero una doncella hija de Júpiter y Ceres, y luego –raptada ya por Plutón– medio año Reina de los Infiernos, y el otro medio año Diosa de la Agricultura): curiosidad o inspección útil, aunque prolija, ésta de Aretusa, la cual dio informes seguros de su bella hija Proserpina, aún no recobrada por ella, a la rubia Diosa (su madre Ceres), cuando trastornando montes y selvas y examinando prados y bosques, iba buscando a la misma Proserpina, que era su vida, y perdiendo su propia vida por el dolor de no dar con su paradero.

730 Y he aquí –como otro ejemplo de que es una excesiva pretensión la del conocimiento universal para el hombre–, el hecho de que no sabemos siquiera ante una pequeña flor, por qué es una figura de marfil la que circunscribe su frágil hermosura –en una azucena–, o bien, por qué –en la rosa–, una exquisita mezcla de colores, confundiendo la grana entre la blancura del alba, le da fragante atavío; o por qué exhala esos perfumes de ámbar, y cómo despliega al viento su ropaje, más bello cuanto más delicado, que multiplica en sus frescas hijas innumerables, luciendo una rizada pompa, cairelada de dorados perfiles, que –rompiendo el blando sello de su capullo– ostenta con ufanía los despojos o el botín de la dulce herida de la Cipria Diosa (la rojez de la sangre de Venus), o

bien, se apropia el candor del Alba y la púrpura de la
Aurora, y, mezclado uno y otro de estos tintes, resulta un ampo de nieve purpúreo y un rosicler (o un rojo esmalte) nevado: tornasol –o color variable y complejo– que se atrae los aplausos del prado a los que
aspira (como Reina de las flores), y que es también
quizá el vano preceptor –maestro de vanidades–, y
aun el profano ejemplo de la industria femenina (el
arte de los cosméticos) que convierte el más activo
veneno –el "Albayalde" o el "Solimán"– en doblemente nocivo, haciéndolo también veneno espiritual,
en el barniz de los afeites falaces y tentadores con que
el cutis se finge resplandeciente.

757 Pues bien –se repetía mi tímida Razón–; si ante
uno sólo de estos objetos (una fuente, una flor) se
arredra el conocimiento y el raciocinio se aparta desalentado; si ante una aislada especie particular, vista
como independiente de las demás y considerada prescindiendo de sus relaciones, tiene que huir vencido el
entendimiento, y la razón –asombrada– se arredra de
tan ardua lucha, que se niega a acometer con valentía
porque teme –cobarde– no comprender jamás ese
aislado objeto, o sólo comprenderlo "tarde o mal" (a
costa de ímprobas fatigas y con mezcla de errores),
¿cómo podría esa misma flaca razón enfrentarse a todo el conjunto de tan inmensa espantable máquina (o
sea la complicada estructura de todo el Cosmos), cuyo tremendo peso incomportable –si no estribara en
su centro mismo, que es la Omnisapiencia y Omnipotencia de Dios– agobiaría las espaldas de Atlante y
excedería a las fuerzas de Hércules, de suerte que el

que fue bastante contrapeso del Cielo (cualquiera de estos dos personajes, que sostuvieron en sus hombros el firmamento) juzgaría menos pesada y grave esa mole, que la faena de investigar la Naturaleza...?

X. La sed desenfrenada del saber

781 Otras veces, en cambio, más esforzado, mi Entendimiento se reprochaba como una cobardía excesiva el renunciar al lauro del triunfo aun antes de haber siquiera entrado en la dura lid; y volvía su atención al audaz ejemplo del claro, joven, Faetonte –altivo auriga del ardiente Carro del Sol–, y me encendía el espíritu aquel impulso excelso y valeroso aunque desventurado, donde –más que el temor ejemplos de escarmiento–, el ánimo halla sendas abiertas para la osadía, las cuales –si una vez han sido trilladas– no hay amenaza de ningún castigo que baste a remover (o disuadir) el segundo intento, o sea la renovada ambición de la misma hazaña.

796 Ni el panteón profundo que halló Faetonte al despeñarse en las aguas del Po –sepulcro azul de sus despojos ya calcinados–, ni el rayo vengador con el que Júpiter derribó a aquél mismo, o aquéllos otros con los que aplacó a los Gigantes ávidos de escalar el Olimpo, no logran conmover, por más que le advierten su temeridad, al ánimo arrogante, que, despreciando el vivir, resuelve eternizar su nombre en su ruina. Cualquiera de esas catástrofes, por el contrario, es más bien un ejemplo pernicioso, un tipo y mo-

delo, que engendra nuevas alas para que repita aquellos vuelos el ánimo ambicioso, que –convirtiendo el terror mismo en un nuevo halago que lisonjea a la valentía, por la fascinación del peligro–, deletrea las glorias que conquistará si vence tamaño riesgo, entre los caracteres de la tragedia (en cuyos rasgos, como en otras tantas letras, parecería que no debiera leerse sino el escarmiento).

811 ¡Ojalá, pues, que –en semejantes audacias– jamás se publicara su castigo, para que nunca volviera a intentarse la misma culpable temeridad; sino que, por el contrario, un político (o prudente) silencio –como discreto gobernante– rompiera los autos y memorias de tal proceso; o bien disimulara, en fingida ignorancia, cual cerrando los ojos a esa especie de crímenes; o (a no poder dejarlos impunes) sólo secretamente castigara tales excesos de la petulancia, sin exhibir a las miradas del pueblo su ejemplo nocivo! La maldad, en efecto, de los extraordinarios delitos resulta peligrosa en su divulgación, de la que puede trascender un dilatado contagio, mientras que –siendo culpa sólo individual y no publicándose–, su reiteración será mucho más remota o improbable entre quienes la ignoren, que no entre quienes hayan recibido su noticia y la de su castigo, dizque para quedar escarmentados...

XI. El despertar humano

827 Pero entre tanto, –mientras que la elección de mi Intelecto zozobraba, confusa, entre los escollos de estas decisiones contrarias, tocando sirtes o arrecifes de imposibles en cuantos rumbos intentaba seguir–, el "calor natural", no encontrando materia en que cebarse –pues su llama (que es llama, al fin, por moderada que sea) inevitablemente consume su pábulo, y aun podríamos decir que lo quema, siempre que ejercita su actividad–, ya había lentamente transformado los manjares, convirtiendo en suya propia aquella ajena substancia; y el bullicioso hervor, que resultaba del encuentro del "húmedo radical" y de aquel ardiente "calor", había ya cesado, al faltarles el medio (o sea, el alimento) en el maravilloso vaso natural del Estómago; y consiguientemente, los húmedos vapores soporíferos –que subiendo de éste, embarazaban el trono racional, el Cerebro, desde donde derramaban a los miembros el dulce entorpecimiento–, consumidos ahora por los suaves ardores del calor, iban ya desatando las cadenas del Sueño. Sintiendo, pues, la falta de nutrición, los extenuados miembros –cansados del descanso–, ni del todo despiertos ni dormidos del todo, con tardos esperezos daban ya muestras de querer moverse, extendiendo poco a poco –todavía medio involuntariamente– los nervios entumecidos, y volviendo de un lado a otro los huesos fatigados por la misma fija postura.

864 Entreabriendo después los ojos, dulcemente impedidos hasta entonces por el beleño (o soporífico) natural, los sentidos empezaron a recobrar sus opera-

ciones, y del Cerebro, que así se vió ya libre y desocupado, huyeron los fantasmas −las representaciones nocturnas de la fantasía−, desvaneciéndose su forma como si hubieran estado hechos de un ligero vapor y se trocaran en humo fugaz y en aire invisible... Tal, así, la Linterna Mágica, ayudadas no menos por la sombra que por la luz, representa pintadas varias figuras, simuladas en la blanca pared; y −guardado en sus temblorosos reflejos las debidas distancias de la docta perspectiva, según sus ciertas medidas confirmadas por reiterados experimentos−, a la sombra fugitiva, que se desvanece en la claridad, la finge un cuerpo formado, dándole la apariencia de un volumen consistente adornado de todas las dimensiones, por más que ni siquiera sea una real superficie.

XII. El triunfo del día

887 En tanto, el Sol −engendrador ardiente de la luz− reconocía ya próximo el término prefijado para acercarse al Oriente (de nuestra longitud), y se despedía de nuestros opuestos Antípodas con sus rayos crepusculares, puesto que para ellos hace su Occidente −con trémulos desmayos de su luz− en el punto mismo en que ilumina nuestro horizonte Oriental. Antes, empero, la hermosa y apacible estrella de Venus −el Lucero matutino− rompió en su primer albor; y la Aurora, la bella esposa del viejo Tithón −tal como una Amazona vestida de mil luces, armada en guerra contra la Noche, y a un mismo tiempo hermosa y atrevida, y valiente aunque llorosa (por su ro-

cío)–, mostró su gallarda frente, coronada de fulgores matutinos: tierno preludio, pero ya animoso, del llameante Planeta (el Sol), que venía reclutando sus tropas de bisoñas (o nuevas) vislumbres, y reservando a la retaguardia otras luces más veteranas y fuertes, para lanzarse ya al asalto contra la Noche, que –Tirana usurpadora del imperio del Día– ostentaba por corona el negro laurel de miles de sombras, y con nocturno cetro pavoroso regía las tinieblas, que aun a ella propia le infundían terror.

917 Pero apenas la bella precursora y abanderada del Sol –la misma Aurora, como su adalid y su alférez– tremoló en el Oriente su luminoso pendón, tocando al arma todos los bélicos y a la par dulces clarines de las Aves –diestros, por más que no enseñados, trompeteros sonoros–, cuando la Noche, cobarde como todos los tiranos y perturbada de medrosos recelos –aunque intentó alardear de sus fuerzas escudándose en su lúgubre capa, y recibiendo en ella las breves heridas de las fúlgidas estocadas de la Luz, si bien este su valor fue sólo un burdo pretexto de su cobardía–, conociendo su débil resistencia y ya casi confiando a la sola fuga su salvación, tocó su ronca bocina (o cuerno) para recoger sus negros escuadrones y así poder retirarse en orden, al tiempo en que se vio asaltada por una más vecina plenitud de reflejos, que rayó la punta más encumbrada de los erguidos torreones del Mundo, que son los Montes.

943 Llegó el Sol, en efecto, cerrando el giro de oro que esculpió sobre el azul zafiro del Cielo, formado

por mil veces mil puntos y por mil flujos o raudales dorados. Líneas, digo, de clara luz, salían de su circunferencia luminosa, pautándole al firmamento su plana azul (o sea, llenándolo todo, como las "pautas" en toda la extensión de una hoja de papel rayado); y embestían, atropadas, a la que poco antes fue Tirana funesta de su Imperio, la cual huyendo desordenadamente, en su precipitación, iba pisando su propia sombra, tropezando en sus mismos horrores, y pretendía llegar al Occidente con su desbaratado –y ya caótico– ejército de tinieblas, acosado por la Luz, que le iba al alcance.

958 La fugitiva carrera de la Noche, consiguió, al fin, la vista del Ocaso, –esto es, llegar al borde de nuestro horizonte Occidental–; y recobrada (o vuelta a sus bríos) en su mismo despeñarse hacia el otro lado, y esforzando su aliento por la rabia misma de su derrota, determina, rebelde por segunda vez, coronarse Reina en esa otra mitad del globo terrestre que el Sol acaba de dejar desamparada. Mas ya, en esto, ilustraba a nuestro Hemisferio la hermosa y áurea melena del mismo Sol: el cual –con justa luz, fiel al orden distributivo, que da a cada quien lo suyo–, íbales repartiendo sus respectivos colores a las cosas visibles y restituyéndoles entera su actividad a los sentidos externos, quedando así –con una luz más cierta que la de la Aurora y del Sueño– iluminado el Cosmos a nuestros ojos, y yo despierta.

III
Respuesta a sor Filotea

Respuesta
de la poetisa a la muy ilustre
sor Filotea de la Cruz[1]

Muy ilustre Señora, mi señora:[2] No mi voluntad, mi poca salud y mi justo temor han suspendido tantos días mi respuesta. ¿Qué mucho si, al primer paso, encontraba para tropezar mi torpe pluma dos imposibles? El primero (y para mí el más riguroso) es saber responder a vuestra doctísima, discretísima, santísima y amorosísima carta. Y si veo que preguntado el Ángel de las Escuelas, Santo Tomás, de su silencio con Alberto Magno, su maestro, respondió que callaba porque nada sabía decir digno de Alberto, con cuánta mayor razón callaría, no como el Santo, de humildad, sino que en la realidad es no saber algo digno de vos. El segundo imposible es saber agradeceros tan excesivo como no esperando favor, de dar a las prensas mis borrones: merced tan sin medida que aun se le pasara por alto a la esperanza más ambiciosa y al deseo más fantástico; y que ni aun como ente de razón pudiera caber en mis pensamientos; y en fin, de tal magnitud que no sólo no se puede estrechar a lo limitado de las voces, pero excede a la capacidad del agradecimiento, tanto por grande como por no esperado, que es lo que dijo Quintiliano.³ *Minorem spei, maiorem benefacti gloriam pereunt.*⁴ Y tal, que enmudecen al beneficiado.

Cuando la felizmente estéril para ser milagrosamente fecunda, madre del Bautista vio en su casa tan desproporcionada visita como la Madre del Verbo, se le entorpeció el entendimiento, y se le suspendió el discurso; y así, en vez de agradecimientos, prorrumpió en dudas y preguntas: *Et unde hoc mihi?* ¿De dónde a mí viene tal cosa? Lo mismo sucedió a Saúl⁵ cuando se vio electo y ungido rey de Israel:⁶ *Numquid non filius Iemini ego sum de minima tribu Israel, et cognatio mea novissima inter omnes de tribu Beniamin? Quare igitur locutus es mihi sermonem istum?* Así yo diré: ¿de dónde, venerable Señora, de dónde a mí tanto favor? ¿Por ventura soy más que una pobre monja, la más mínima criatura del mundo y la más indigna de ocupar vuestra atención? Pues *quare locutus es mihi sermonem istum? et unde hoc mihi?*

Ni al primer imposible tengo más que responder que no ser nada digno de vuestros ojos; ni al segundo más que admiraciones, en vez de gracias, diciendo que no soy capaz de agradeceros la más mínima parte de lo que os debo. No es afectada modestia, Señora, sino ingenua verdad de toda mi alma, que al llegar a mis manos, impresa, la carta que vuestra propiedad llamó Atenagórica,⁷ prorrumpí (con no ser esto en mí muy fácil) en lágrimas de confusión, porque me pareció que vuestro favor no era más que una reconvención que Dios hace a lo mal que le correspondo; y que como a otros corrige con castigos, a mí me quiere reducir a fuerza de beneficios. Especial favor de que conozco ser su deudora, como de otros infinitos de su inmensa bondad; pero también especial modo de avergonzarme y confundirme: que es más primoroso medio de castigar hacer que yo misma, con mi conocimiento, sea el juez que me sentencie y condene mi ingratitud. Y así, cuando esto considero acá a mis solas, suelo decir: Bendito seáis vos, Señor, que no sólo no quisisteis en manos de otra criatura el juzgarme, y que ni aun en la mía lo pusisteis, sino que lo reservasteis a la vuestra, y me librasteis a mí de mí y de la sentencia que yo misma me daría –que, forzada de mi propio conocimiento, no pudiera ser menos que de condenación–, y vos la reservasteis a vuestra misericordia, porque me amáis más de lo que yo me puedo amar.

Perdonad, Señora mía, la digresión que me arrebató la fuerza de la verdad; y si la he de confesar toda, también es buscar efugios para huir la dificultad de responder, y casi me he determinado a dejarlo al silencio; pero como éste es cosa negativa, aunque explica mucho con el énfasis de no explicar, es necesario ponerle algún breve rótulo para que se entienda lo que se pretende que el silencio diga; y si no, dirá nada el silencio, porque ése es su propio oficio: decir nada. Fue arrebatado el Sagrado Vaso de Elección[8] tal tercer Cielo, y habiendo visto los arcanos secretos de Dios dice:[9] *Audivit arcana Dei, quae non licet homini loqui.* No dice lo que vio, pero dice que no lo puede decir; de manera que aquellas cosas que no se pueden decir, es menester decir siquiera que no se pueden decir, para que se entienda que el callar no es no haber qué decir, sino no caber en las voces lo mucho que hay que decir. Dice San Juan que si hubiera de escribir todas las maravillas que obró nuestro Redentor, no cupieran en todo el mundo los libros; y dice Vieyra,[10] sobre este lugar, que en sola esta cláusula dijo más el Evangelista que en todo cuanto escribió, y dice muy bien el Fénix Lusitano (pero ¿cuándo no dice bien, aun cuando no dice bien?), porque aquí dice San Juan todo lo que dejó de decir y expresó lo que dejó de expresar. Así, yo, Señora mía, sólo responderé que no sé qué responder; sólo agradeceré diciendo que no soy capaz de agradeceros; y diré, por breve rótulo de lo que dejo al silencio, que sólo con la confianza de favorecida y con los valimientos de honrada, me puedo atrever a hablar con vuestra grandeza. Si fuere necedad, perdonadla, pues es alhaja de la dicha, y en ella ministraré yo más materia a vuestra benignidad y vos daréis mayor forma a mi reconocimiento.

No se hallaba digno Moisés, por balbuciente, para hablar con Faraón, y, después, el verse tan favorecido de Dios, le infunde tales alientos, que no sólo habla con el mismo Dios, sino que se atreve a pedirle imposibles:[11] *Ostende mihi faciem tuam*. Pues así yo, Señora mía, ya no me parecen imposibles los que puse al principio, a vista de lo que me favorecéis; porque quien hizo imprimir la Carta tan sin noticia mía, quien la intituló, quien la costeó, quien la honró tanto (siendo de todo indigna por sí y por su autora), ¿qué no hará? ¿qué no perdonará?, ¿qué dejará de hacer y qué dejara de perdonar? Y así, debajo del supuesto de que hablo con el salvoconducto de vuestros favores y debajo del seguro de vuestra benignidad, y de que me habéis, como otro Asuero,[12] dado a besar la punta del cetro de oro de vuestro cariño en señal de concederme benévola licencia para hablar y proponer en vuestra venerable presencia, digo que recibo en mi alma vuestra santísima amonestación de aplicar el estudio a Libros Sagrados, que aunque viene en traje de consejo, tendrá para mí sustancia de precepto; con no pequeño consuelo de que aun antes parece que prevenía mi obediencia vuestra pastoral insinuación, como a vuestra dirección, inferido del asunto y pruebas de la misma Carta. Bien conozco que no cae sobre ella vuestra cuerdísima advertencia, si no sobre lo mucho que habréis visto de asuntos humanos que he escrito; y así, lo que he dicho no es más que satisfaceros con ella a la falta de aplicación que habréis inferido (con mucha razón) de otros escritos míos. Y hablando con más especialidad os confieso, con la ingenuidad que ante vos es debida y con la verdad y claridad que en mí siempre es natural y costumbre, que el no haber escrito mucho de asuntos sagrados no ha sido desafición, ni de aplicación la falta, sino sobra de temor y reverencia debida a aquellas Sagradas Letras, para cuya inteligencia yo me conozco tan incapaz y para cuyo manejo soy tan indigna; resonándome siempre en los oídos, con no pequeño horror, aquella amenaza y prohibición del Señor a los pecadores como yo:[13] *Quare tu enarras iustitias meas, et assumis testamentum meum per os tuum?* Esta pregunta y el ver que aun a los varones doctos se prohibía el leer los cantares hasta que pasaban de treinta años, y aun el Génesis: éste por su oscuridad, y aquéllos porque de la dulzura de aquellos epitalamíos no tomase ocasión la imprudente juventud de mudar el sentido en carnales afectos. Compruébalo mi gran Padre San Jerónimo[14] mandando que sea esto lo último que se estudie, por la misma razón:[15] *Ad ultimum sine periculo discat Canticum Canticorum, ne si in exordio legerit, sub carnalibus verbis spirituaium nuptiarum Epithalamium non intelligens, vulneretur;* y Séneca[16] dice:[17] *Teneris in annis haut clara est fides.* Pues ¿cómo me atreviera yo a tomarlo en mis indignas manos, repugnándolo el sexo, la edad y sobre todo las costumbres? Y así confieso que muchas veces este temor me ha quitado la pluma de la mano y ha hecho retroceder los asuntos hacia el mismo entendimiento de quien querían brotar; el cual inconveniente no topaba en los asuntos profanos, pues una herejía contra el arte no la castiga el Santo Oficio, sino los discretos con risa y los críticos con censura; y ésta[18] *iusta vel iniusta, timenda non est,* pues deja comulgar y oír misa, por lo cual me da poco o ningún cuidado; porque según la misma decisión de los que lo calumnian, ni tengo obligación para saber ni aptitud para acertar; luego, si lo yerro, ni es culpa ni es descrédito. No es culpa, porque no tengo obligación; no es descrédito, pues no tengo posibilidad de acertar, y[19] *ad impossibilia nemo tenetur.* Y, a la verdad, yo nunca he escrito sino violentada y forzada y sólo por dar gusto a otros; no sólo sin complacencia, sino con positiva repugnancia, porque nunca he juzgado de mí que tenga el caudal de letras e ingenio que pide la obligación de quien escribe; y así, es la ordinaria respuesta a los que me instan, y más si es asunto sagrado: ¿Qué entendimiento tengo yo, qué estudio, qué materiales, ni qué noticias para eso, sino cuatro bachillerías superficiales? Dejen eso para quien lo entienda, que yo no quiero ruido con el Santo Oficio, que soy ignorante y tiemblo de decir alguna proposición malsonante o torcer la genuina inteligencia de algún lugar. Yo no estudio para escribir, ni menos para enseñar (que fuera en mí desmedida soberbia), sino sólo por ver si con estudiar ignoro menos. Así lo respondo y así lo siento.

El escribir nunca ha sido dictamen propio, sino fuerza ajena; que les pudiera decir con verdad: *Vos me coegistis*.[20] Lo que sí es verdad que no negaré (lo uno porque es notorio a todos, y lo otro porque, aunque sea contra mí, me ha hecho Dios la merced de darme grandísimo amor a la verdad) que desde que me rayó la primera luz de la razón, fue tan vehemente y poderosa la inclinación a las letras, que ni ajenas represiones –que he tenido muchas–, ni propias reflejas –que he hecho no pocas–, han bastado a que deje de seguir este natural impulso que Dios puso en mí: Su Majestad sabe por qué y para qué; y sabe que le he pedido que apague la luz de mi entendimiento dejando sólo lo que baste para guardar su Ley, pues lo demás sobra, según algunos, en una mujer; y aun hay quien diga que daña. Sabe también Su Majestad que no consiguiendo esto, he intentando sepultar con mi nombre mi entendimiento, y sacrificársele sólo a quien me le dio; y que no otro motivo me entró en religión, no obstante que al desembarazo y quietud que pedía mi estudiosa intención eran repugnantes los ejercicios y compañía de una comunidad; y después, en ella, sabe el Señor, y lo sabe en el mundo quien sólo lo debió saber,[21] lo que intenté en orden a esconder mi nombre, y que no me lo permitió, diciendo que era tentación; y sí sería. Si yo pudiera pagaros algo de lo que os debo, Señora mía, creo que sólo os pagara en contaros esto, pues no ha salido de mi boca jamás, excepto para quien debió salir. Pero quiero que con haberos franqueado de par en par las puertas de mi corazón, haciéndoos patentes sus más sellados secretos, conozcáis que no desdice de mi confianza lo que debo a vuestra venerable persona y excesivos favores.

22Prosiguiendo en la narración de mi inclinación, de que os quiero dar entera noticia digo que no había cumplido los tres años de mi edad cuando enviando mi madre a una hermana mía, mayor que yo, a que se enseñase a leer en una de las que llaman Amigas, me llevó a mí tras ella el cariño y la travesura; y viendo que la daban lección, me encendí yo de manera en el deseo de saber leer, que engañando, a mi parecer, a la maestra, la dije que mi madre ordenaba me diese lección. Ella no lo creyó, porque no era creíble; pero, por complacer al donaire me la dio. Proseguí yo en ir y ella prosiguió en enseñarme, ya no de burlas, porque la desengañó la experiencia; y supe leer en tan breve tiempo, que ya sabía cuando lo supo mi madre, a quien la maestra lo ocultó por darle el gusto por entero y recibir el galardón por junto; y yo lo callé, creyendo que me azotarían por haberlo hecho sin orden. Aún vive la que me enseñó (Dios la guarde), y puede testificarlo.

Acuérdome que en estos tiempos, siendo mi golosina la que es ordinaria en aquella edad, me abstenía de comer queso, porque oí decir que hacía rudos, y podía conmigo más el deseo de saber que el de comer, siendo éste tan poderoso en los niños. Teniendo yo después como seis o siete años, y sabiendo ya leer y escribir, con todas las otras habilidades de labores y costuras que deprenden las mujeres, oí decir que había Universidad y Escuelas en que se estudiaban las ciencias, en Méjico; y apenas lo oí cuando empecé a matar a mi madre con instantes e importunos ruegos sobre que, mudándome el traje, me enviase a Méjico, en casa de unos deudos que tenía, para estudiar y cursar la Universidad; ella no lo quiso hacer, e hizo muy bien, pero yo despiqué el deseo en leer muchos libros varios que tenía mi abuelo, sin que bastasen castigos ni represiones a estorbarlo: de manera que cuando vine a Méjico, se admiraban, no tanto del ingenio, cuanto de la memoria y noticias que tenía en edad que parecía que apenas había tenido tiempo para aprender a hablar.

Empecé a deprender gramática,[23] en que creo no llegaron a veinte las lecciones que tomé; y era tan intenso mi cuidado, que siendo así que en las mujeres –y más en tan florida juventud– es tan apreciable el adorno natural del cabello, yo me cortaba de él cuatro o seis dedos, midiendo hasta dónde llegaba antes, e imponiéndome ley de que si cuando volviese a crecer hasta allí no sabía tal o tal cosa que me había propuesto deprender en tanto que crecía, me lo había de volver a cortar en pena de la rudeza. Sucedía así que él crecía y yo no sabía lo propuesto, porque el pelo crecía aprisa y yo aprendía despacio, y con efecto le cortaba en pena de la rudeza: que no me parecía razón que estuviese vestida de cabellos cabeza que estaba tan desnuda de noticias, que era más apetecible adorno. Entréme religiosa, porque aunque conocía que tenía el estado cosas (de las accesorias hablo, no de las formales), muchas repugnantes a mi genio, con todo, para la total negación que tenía al matrimonio, era lo menos desproporcionado y lo más decente que podía elegir en materia de la seguridad que deseaba de mi salvación; a cuyo primer respeto (como al fin más importante) cedieron y sujetaron la cerviz todas las impertinencillas de mi genio, que eran de querer vivir sola; de no querer tener ocupación obligatoria que embarazase la libertad de mi estudio, ni rumor de comunidad que impidiese el sosegado silencio de mis libros. Esto me hizo vacilar algo en la determinación, hasta que alumbrándome personas doctas de que era tentación, la vencí con el favor divino, y tomé el estado que tan indignamente tengo. Pensé yo que huía de mí misma, pero ¡miserable de mí! trájeme a mí conmigo y traje mi mayor enemigo en esta inclinación, que no sé determinar si por prenda o castigo me dio el Cielo, pues de apagarse o embarazarse con tanto ejercicio que la religión tiene, reventaba como pólvora, y se verificaba en mí el[24] *privatio est causa appetitus*.

Volví (mal dije, pues nunca cesé); proseguí, digo, a la estudiosa tarea (que para mí era descanso en todos los ratos que sobraban a mi obligación) de leer y más leer, de estudiar y más estudiar, sin más maestro que los mismos libros. Ya se ve cuán duro es estudiar en aquellos caracteres sin alma careciendo de la voz viva y explicación del maestro; pues todo este trabajo sufría yo muy gustosa por amor de las letras. ¡Oh, si hubiese sido por amor de Dios, que era lo acertado, cuánto hubiera merecido! Bien que yo procuraba elevarlo cuanto podía y dirigirlo a su servicio, porque el fin a que aspiraba era a estudiar Teología, pareciéndome menguada inhabilidad, siendo católica, no saber todo lo que en esta vida se puede alcanzar, por medios naturales, de los divinos misterios; y que siendo monja y no seglar, debía, por el estado eclesiástico, profesar letras; y más siendo hija de un San Jerónimo y de una Santa Paula,[25] que era degenerar de tan doctos padres ser idiota la hija. Esto me proponía yo de mí misma y me parecía razón; si no es que era (y eso es lo más cierto) lisonjear y aplaudir a mi propia inclinación, proponiéndola como obligatorio su propio gusto.

Con esto proseguí, dirigiendo siempre, como he dicho, los pasos de mi estudio a la cumbre de la Sagrada Teología; pareciéndome preciso, para llegar a ella, subir por los escalones de las ciencias y artes humanas; porque ¿cómo entenderá el estilo de la Reina de las Ciencias quien aun no sabe el de las ancilas?[26] ¿Cómo sin lógica sabría yo los métodos generales y particulares con que está escrita la Sagrada Escritura? ¿Cómo sin Retórica entendería sus figuras, tropos y locuciones? ¿Cómo sin Física, tantas cuestiones naturales de las natulezas de los animales de los sacrificios, donde se simbolizan tantas cosas ya declaradas, y otras muchas que hay? ¿Cómo si el sanar Saúl al sonido del arpa de David fue virtud y fuerza natural de la música, o sobrenatural que Dios quiso poner en David? ¿Cómo sin Aritmética se podrán entender tantos cómputos de años, de días, de meses, de horas, de hebdómadas[27] tan misteriosas como las de Daniel, y otras para cuya inteligencia es necesario saber las naturalezas, concordancias y propiedades de los números? ¿Cómo sin Geometría se podrán medir el Arca Santa del Testamento y la Ciudad Santa de Jerusalén, cuyas misteriosas mensuras hacen un cubo con todas sus dimensiones, y aquel repartimiento proporcional de todas sus partes tan maravilloso? ¿Cómo sin Arquitectura, el gran Templo de Salomón, donde fue el mismo Dios el artífice que dio la disposición y la traza, y el Sabio Rey sólo fue sobrestante que la ejecutó; donde no había basa sin misterio, columna sin símbolo, cornisa sin alusión, arquitrabe sin significado; y así de otras sus partes, sin que el más mínimo filete estuviese sólo por el servicio y complemento del Arte, sino simbolizando cosas mayores? ¿Cómo sin grande conocimiento de reglas y partes de que consta la Historia se entenderán los libros historiales? Aquellas recapitulaciones en que muchas veces se pospone en la narración lo que en el hecho sucedió primero. ¿Cómo sin grande noticia de ambos Derechos podrán entenderse los libros legales? ¿Cómo sin grande erudición tantas cosas de historias profanas, de que hace mención la Sagrada Escritura; tantas costumbres de gentiles, tantos ritos, tantas maneras de hablar? ¿Cómo sin muchas reglas y lección de Santos Padres se podrá entender la oscura locución de los Profetas? Pues sin ser muy perito en la Música, ¿cómo se entenderán aquellas proporciones musicales y sus primores que hay en tantos lugares, especialmente en aquellas peticiones que hizo a Dios Abraham,[28] por las Ciudades, de que si perdonaría habiendo cincuenta justos, y de este número bajó a cuarenta y cinco, que es sesquinona y es como de mi a re; de aquí a cuarenta, que es sesquioctava y es como de re a mi; de aquí a treinta, que es sesquitercia, que es la del diatesarón; de aquí a veinte, que es la proporción sesquiáltera, que es la del diapente; de aquí a diez, que es la dupla, que es el diapasón; y como no hay más proporciones armónicas no pasó de ahí? Pues ¿cómo se podrá entender esto sin Música? Allá en el Libro de Job le dice Dios:[29] *Numquid coniungere valebis micantes stellas Pleiadas aut gyrum Arcturi poteris dissipare? Numquid producis Luciferun in tempore suo et Vesperum super filios terrae consurgere facis?* cuyos términos, sin noticia de Astrología, será imposible entender. Y no sólo estas nobles ciencias; pero no hay arte mecánica que no se mencione. Y en fin, cómo el Libro que comprende todos los libros, y la Ciencia en que se incluyen todas las ciencias, para cuya inteligencia todas sirven; y después de saberlas todas (que ya se ve que no es fácil, ni aun posible) pide otra circunstancia más que todo lo dicho, que es una continua oración y pureza de vida, para impetrar de Dios aquella purgación de ánimo e iluminación de mente que es menester para la inteligencia de cosas tan altas; y si esto falta, nada sirve de lo demás.

Del Angélico Doctor Santo Tomás dice la Iglesia estas palabras:[30] *difficultatibus locorum Sacrae Scripturae ad orationem ieiunium adhibebat. Quin etiam sodali suo Fratri Reginaldo dicere solebat, quidquid sciret, non tam studio, aut labore suo peperisse, quam divinitus traditum accepisse.* Pues yo, tan distante de la virtud y las letras, ¿cómo había de tener ánimo para escribir? Y así por tener algunos principios granjeados, estudiaba continuamente diversas cosas, sin tener para alguna particular inclinación, sino para todas en general; por lo cual, el haber estudiado en unas más que en otras, no ha sido en mí elección, sino que el acaso de haber topado más a mano libros de aquellas facultades les ha dado, sin arbitrio mío, la preferencia. Y como no tenía interés que me moviese, ni límite de tiempo que me estrechase el continuado estudio de una cosa por la necesidad de los grados, casi a un tiempo estudiaba diversas cosas o dejaba unas por otras; bien que en eso observaba orden, porque a unas llamaba estudio y a otras diversión; y en éstas descansaba de las otras: de donde se sigue que he estudiado muchas cosas y nada sé, porque las unas han embarazado a las otras. Es verdad que esto digo de la parte práctica en las que la tienen, porque claro está que mientras se mueve la pluma descansa el compás y mientras se toca el arpa sosiega el órgano,[31] *et sic de caeteris;* porque como es menester mucho uso corporal para adquirir hábito, nunca le puede tener perfecto quien se reparte en varios ejercicios; pero en lo formal y especulativo sucede al contrario, y quisiera yo persuadir a todos con mi experiencia a que no sólo no estorban, pero se ayudan dando luz y abriendo camino las unas para las otras, por variaciones y ocultos engarces –que para esta cadena universal les puso la sabiduría de su Autor–, de manera que parece se corresponden y están unidas con admirable trabazón y concierto. Es la cadena[32] que fingieron los antiguos que salía de la boca de Júpiter, de donde pendían todas las cosas eslabonadas unas con otras. Así lo demuestra el R. P. Atanasio Quirquerio[33] en su curioso libro

De Magnete. Todas las cosas salen de Dios, que es el centro a un tiempo y la circunferencia de donde salen y donde paran todas las líneas criadas.

Yo de mí puedo asegurar que lo que no entiendo en un autor de una facultad, lo suelo entender en otro de otra que parece muy distante; y esos propios, al explicarse, abren ejemplos metafóricos de otras artes: como cuando dicen los lógicos que el medio se ha con los términos como se ha una medida con dos cuerpos distantes, para conferir si son iguales o no; y que la oración del lógico anda como la línea recta, por el camino más breve, y la del retórico se mueve, como la corva, por el más largo, pero van a un mismo punto los dos; y cuando dicen que los expositores son como la mano abierta y los escolásticos como el puño cerrado. Y así no es disculpa, ni por tal la doy, el haber estudiado diversas cosas, pues éstas antes se ayudan, sino que el no haber aprovechado ha sido ineptitud mía y debilidad de mi entendimiento, no culpa de la variedad. Lo que sí pudiera ser descargo mío es el sumo trabajo no sólo en carecer de maestro, sino de condiscípulos con quienes conferir y ejercitar lo estudiado, teniendo sólo por maestro un libro mudo, ¡por condiscípulo un tintero insensible; y en vez de explicación y ejercicio muchos estorbos, no sólo los de mis religiosas obligaciones (que éstas ya se sabe cuán útil y provechosamente gastan el tiempo) sino de aquellas cosas accesorias de una comunidad: como estar yo leyendo y antojárseles en la celda vecina tocar y cantar; estar yo estudiando y pelear dos criadas y venirme a constituir juez de su pendencia; estar yo escribiendo y venir una amiga a visitarme, haciéndome muy mala obra con muy buena voluntad, donde es preciso no sólo admitir el embarazo, pero quedar agradecida del perjuicio. Y esto es continuamente, porque como los ratos que destino a mi estudio son los que sobran de lo regular de la comunidad, esos mismos les sobran a las otras para venirme a estorbar; y sólo saben cuánta verdad es ésta los que tienen experiencia de vida común, donde sólo la fuerza de la vocación puede hacer que mi natural esté gustoso, y el mucho amor que hay entre mí y mis amadas hermanas, que como el amor es unión no hay para él extremos distantes.

En esto sí confieso que ha sido inexplicable mi trabajo; y así no puedo decir lo que con envidia oigo a otros: que no les ha costado afán el saber. ¡Dichosos ellos! A mí, no el saber (que aún no sé), sólo el desear saber me le ha costado tan grande que pudiera decir con mi Padre San Jerónino (aunque no con su aprovechamiento):[34] *Quid ibi laboris insumpserim, quid sustinuerim difficultatis, quoties desperaverim, quotiesque cessaverim et con tentione discendi rursus inceperim; testis est conscientia, tam mea, qui passus sum, quam eorum qui mecum duxerunt vitam.* Menos los compañeros y testigos (que aun de ese alivio he carecido), lo demás bien puedo asegurar con verdad. ¡Y que haya sido tal esta mi negra inclinación, que todo lo haya vencido!

Solía sucederme que, como entre otros beneficios, debo a Dios un natural tan blando y tan afable y las religiosas me aman mucho por él (sin reparar, como buenas, en mis faltas) y con esto gustan mucho de mi compañía, conociendo esto y movida del grande amor que las tengo, con mayor motivo que ellas a mí, gusto más de la suya: así, me solía ir los ratos que a unas y a otras nos sobraban, a consolarlas y recrearme con su conversación. Reparé que en este tiempo hacía falta a mi estudio, y hacía voto de no entrar en celda alguna si no me obligase a ello la obediencia o la caridad: porque, sin este freno tan duro, al de sólo propósito le rompiera el amor; y este voto (conociendo mi fragilidad) le hacía por un mes o por quince días; y dando cuando se cumplía, un día o dos de treguas, lo volvía a renovar, sirviendo este día, no tanto a mi descanso (pues nunca lo ha sido para mí el no estudiar) cuanto a que no me tuviesen por áspera, retirada e ingrata al no merecido cariño de mis carísimas hermanas.

Bien se deja en esto conocer cuál es la fuerza de mi inclinación. Bendito sea Dios que quiso fuese hacia las letras y no hacia otro vicio, que fuera en mí casi insuperable; y bien se infiere también cuán contra la corriente han navegado (o por mejor decir, han naufragado) mis pobres estudios. Pues aún falta por referir lo más arduo de las dificultades; que las de hasta aquí sólo han sido estorbos obligatorios y casuales, que indirectamente lo son; y faltan los positivos que directamente han tirado a estorbar y prohibir el ejercicio. ¿Quién no creerá, viendo tan generales aplausos, que he navegado viento en popa y mar en leche, sobre las palmas de las aclamaciones comunes? Pues Dios sabe que no ha sido muy así, porque entre las flores de esas mismas aclamaciones se han levantado y despertado tales áspides de emulaciones y persecuciones, cuantas no podré contar, y los que más nocivos y sensibles para mí han sido, no son aquéllos que con declarado odio y malevolencia me han perseguido, sino los que amándome y deseando mi bien (y por ventura, mereciendo mucho con Dios por la buena intención), me han mortificado y atormentado más que los otros, con aquel: *No conviene a la santa ignorancia que deben, este estudio; se ha de perder, se ha de desvanecer en tanta altura con su misma perspicacia y agudeza.* ¿Qué me habrá costado resistir esto? ¡Rara especie de martirio donde yo era el mártir y me era el verdugo!

Pues por la –en mí dos veces infeliz– habilidad de hacer versos, aunque fuesen sagrados, ¿qué pesadumbres no me han dado o cuáles no me han dejado de dar? Cierto, señora mía, que algunas veces me pongo a considerar que el que se señala –o le señala Dios, que es quien sólo lo puede hacer– es recibido como enemigo común, porque parece a algunos que usurpa los aplausos que ellos merecen o que hace estanque de las admiraciones a que aspiraban, y así le persiguen.

Aquella ley políticamente bárbara de Atenas,[35] por la cual salía desterrado de su república el que se señalaba en prendas y virtudes porque no tiranizase con ellas la libertad pública, todavía dura, todavía se observa en nuestros tiempos, aunque no hay ya aquel motivo de los atenienses; pero hay otro, no menos eficaz aunque no tan bien fundado, pues parece máxima del impío Maquiavelo:[36] que es aborrecer al que se señala porque desluce a otros. Así sucede y así sucedió siempre.

Y si no, ¿cuál fue la causa de aquel rabioso odio de los fariseos contra Cristo, habiendo tantas razones para lo contrario? Porque si miramos su presencia, ¿cuál prenda más amable que aquella divina hermosura? ¿Cuál más poderosa para arrebatar los corazones? Si cualquiera belleza humana tiene jurisdicción sobre los albedríos y con blanda y apetecida violencia los sabe sujetar, ¿qué haría aquélla con tantas prerrogativas y dotes soberanos? ¿Qué haría, qué movería y qué no haría y qué no movería aquella incomprensible beldad, por cuyo hermoso rostro, como por un terso cristal, se estaban transparentando los rayos de la Divinidad? ¿Qué no movería aquel semblante, que sobre incomparables perfecciones en lo humano, señalaba iluminaciones de divino? Si el de Moisés, de sólo la conversación con Dios, era intolerable a la flaqueza de la vista humana, ¿qué sería el del mismo Dios humanado? Pues si vamos a las demás prendas, ¿cuál más amable que aquella celestial modestia, que aquella suavidad y blandura derramando misericordias en todos sus movimientos, aquella profunda humildad y mansedumbre, aquellas palabras de vida eterna y eterna sabiduría? Pues ¿cómo es posible que esto no les arrebatara las almas, que no fuesen enamorados y elevados tras él?

Dice la Santa Madre y madre mía Teresa,[37] que después que vio la hermosura de Cristo quedó libre de poderse inclinar a criatura alguna, porque ninguna cosa veía que no fuese fealdad, comparada con aquella hermosura. Pues ¿cómo en los hombres hizo tan contrarios efectos? Y ya que como toscos y viles no tuvieran conocimiento ni estimación de sus perfecciones, siquiera como interesables ¿no les moviera sus propias conveniencias y utilidades en tantos beneficios como les hacía, sanando los enfermos, resucitando los muertos, curando los endemoniados? Pues ¿cómo no le amaban? ¡Ay Dios, que por eso mismo no le amaban, por eso mismo le aborrecían! Así lo testificaron ellos mismos.

Júntanse en su concilio y dicen:[38] *Quid facimus quia hic homo multa signa facit?* ¿Hay tal causa? Si dijeran: éste es un malhechor, un transgresor de la ley, un alborotador que con engaños alborota el pueblo, mintieran, como mintieron cuando lo decían; pero eran causales más congruentes a lo que solicitaban, que era quitarle la vida; mas dar por causal que hace cosas señaladas, no parece de hombres doctos, cuales eran los fariseos. Pues así es, que cuando se apasionan los hombres doctos prorrumpen en semejantes inconsecuencias. En verdad que sólo por eso, salió determinado que Cristo muriese. Hombres, si es que así se os puede llamar, siendo tan brutos, ¿por qué es esa tan cruel determinación? No responden más sino que *multa signa facit*. ¡Válgame Dios, que el hacer cosas señaladas es causa para que uno muera! Haciendo reclamo este *multa signa facit* a aquel:[39] *radix Iesse qui stat in signum populorum,* y al otro:[40] *in signum cui contradicetur.* ¿Por signo? ¡Pues muera! ¿Señalado? ¡Pues padezca, que eso es el premio de quien se señala!

Suelen en la eminencia de los templos colocarse por adorno unas figuras de los Vientos; y de la Fama, y por defenderlas de las aves, las llenan todas de púas; defensa parece y no es sino propiedad forzosa: no puede estar sin púas que la puncen quien está en alto. Allí está la ojeriza del aire; allí es el rigor de los elementos; allí despican la cólera los rayos; allí es el blanco de piedras y flechas. ¡Oh infeliz altura, expuesta a tantos riesgos! ¡Oh signo que te ponen por blanco de la envidia y por objeto de la contradicción! Cualquiera eminencia, ya sea de dignidad, ya de nobleza, ya de riqueza, ya de hermosura, ya de ciencia, padece esta pensión; pero la que con más rigor la experimenta es la del entendimiento. Lo primero, porque es el más indefenso, pues la riqueza y el poder castigan a quien se les atreve, y el entendimiento no, pues mientras es mayor es más modesto y sufrido y se defiende menos. Lo segundo es porque, como dijo doctamente Gracián,[41] las ventajas en el entendimiento lo son en el ser. No por otra razón es el ángel más que el hombre que porque entiende más; no es otro el exceso que el hombre hace al bruto, sino sólo entender; y así como ninguno quiere ser menos que otro, así ninguno confiesa que otro entiende más, porque es consecuencia del ser más. Sufrirá uno y confesará que otro es más noble que él, que es más rico, que es más hermoso y aun que es más docto; pero que es más entendido apenas habrá quien lo confiese:[42] *Rarus est, qui velit cedere ingenio.* Por eso es tan eficaz la batería contra esta prenda.

Cuando los soldados hicieron burla, entretenimiento y diversión de Nuestro Señor Jesucristo, trajeron una púrpura vieja y una caña hueca y una corona de espinas para coronarle por rey de burlas. Pues ahora, la caña y la púrpura eran afrentosas, pero no dolorosas; pues ¿por qué sólo la corona es dolorosa? ¿No basta que, como las demás insignias, fuese de escarnio e ignominia, pues ése era el fin? No, porque la sagrada cabeza de Cristo y aquel divino cerebro eran depósito de la sabiduría; y cerebro sabio en el mundo no basta que esté escarnecido, ha de estar también lastimado y maltratado; cabeza que es erario de sabiduría no espere otra corona que de espinas. ¿Cuál guirnalda espera la sabiduría humana si ve la que obtuvo la divina? Coronaba la soberbia romana las diversas hazañas de sus capitanes también con diversas coronas: ya con la cívica al que defendía al ciudadano; ya con la castrense al que entraba en los reales enemigos; ya con la mural al que escalaba el muro; ya con la obsidional al que libraba la ciudad cercada o el ejército sitiado o el campo o en los reales; ya con la naval, ya con la oval, ya con la triunfal otras hazañas, según refieren Plinio[43] y Aulo Gelio; mas viendo yo tantas diferencias de coronas, dudaba de cuál especie sería la de Cristo, y me parece que fue obsidional, que (como sabéis, señora) era la más honrosa y se llamaba obsidional de *obsidio,* que quiere decir cerco; la cual no se hacía de oro ni de plata, sino de la misma grama o yerba que cría el campo en que se hacía la empresa. Y como la hazaña de Cristo fue hacer levantar el cerco al Príncipe de las Tinieblas, el cual tenía sitiada toda la tierra, como lo dice en el libro de Job:[44] *Circuivi terram et ambulavi per eam* y de él dice San Pedro:[45] *Circuit, quaerens quem devoret;* y vino nuestro caudillo y le hizo levantar el cerco:[46] *nunc princeps huius mundi eiicietur foras,* así los soldados le coronaron no con oro ni plata, sino con el fruto natural que producía el mundo que fue el campo de la lid, el cual después de la maldición,[47] *spinas et tribulos germinabit tibi,* no producía otra cosa que espinas; y así fue propísima corona de ellas en el valeroso y sabio vencedor con que le coronó su madre la Sinagoga; saliendo a ver el doloroso triunfo, como al del otro Salomón festivas a éste llorosas las hijas de Sión, porque es el triunfo de sabio obtenido con dolor y celebrado con llanto, que es el modo de triunfar la sabiduría; siendo Cristo, como rey de ella, quien estrenó la corona, porque santificada en sus sienes, se quite el horror a los otros sabios y entiendan que no han de aspirar a otro honor.

Quiso la misma Vida ir a dar la vida a Lázaro difunto; ignoraban los discípulos el intento y le replicaron:[48] *Rabbi, nunc quaerebant te Iudaei lapidare, et iterum vadis illuc?* Satisfizo el Redentor el temor:[49] *Nonne duodecim sunt horae diei?* Hasta aquí, parece que temían porque tenía el antecedente de quererle apedrear porque les había reprendido llamándoles ladrones y no pastores de las ovejas. Y así, temían que si iba a lo mismo (como las reprensiones, aunque sean tan justas, suelen ser mal reconocidas), corriese peligro su vida; pero ya desengañados y enterados de que va a dar vida a Lázaro, cuál es la razón que pudo mover a Tomás para que tomando aquí los alientos que en el huerto Pedro:[50] *eamus et nos, ut moriamur cum eo.* ¿Qué dices, apóstol santo? A morir no va el Señor, ¿de qué es el recelo? Porque a lo que Cristo va no es a reprender, sino a hacer una obra de piedad, y por esto no le pueden hacer mal. Los mismos judíos os podían haber asegurado, pues cuando los reconvino, queriéndole apedrear:[51] *Multa bona opera ostendi vobis ex Patre meo, propter quod eorum opus me lapidatis?*, le respondieron:[52] *De bono opere non lapidamus te, sed de blasphemia.* Pues si ellos dicen que no le quieren apedrear por las buenas obras y ahora va a hacer una tan buena como dar la vida a Lázaro, ¿de qué es el recelo o por qué? ¿No fuera mejor decir: Vamos a gozar el fruto del agradecimiento de la buena obra que va a hacer nuestro Maestro; a verle aplaudir y rendir gracias al beneficio; a ver las admiraciones que hacen del milagro? Y no decir, al parecer una cosa tan fuera del caso como es: *Eamus et nos, ut moriamur cum eo.* Mas ¡ay! que el Santo temió como discreto y habló como apóstol. ¿No va Cristo a hacer un milagro? Pues ¿qué mayor peligro? Menos intolerable es para la soberbia oír las reprensiones, que para la envidia ver los milagros. En todo lo dicho, venerable señora, no quiero (ni tal desatino cupiera en mí) decir que me han perseguido por saber, sino sólo porque he tenido amor a la sabiduría y a las letras, no porque haya conseguido ni uno ni otro.

Hallábase el Príncipe de los Apóstoles, en un tiempo, tan distante de la sabiduría como pondera aquel enfático:[53]*Petrus vero sequbatur eun a longe;* tan lejos de los aplausos de docto quien tenía el título de indiscreto:[54] *Nescieens quid diceret;* y aun examinado del conocimiento de la sabiduría dijo él mismo que no había alcanzado la menor noticia:[55] *Mulier, nescio quid dicis. Mulier, non novi illum.* Y ¿qué le sucede? Que teniendo esto créditos de ignorante, no tuvo la fortuna, sí las aflicciones, de sabio. ¿Por qué? No se dio otra causal sino:[56] *Et hic cum illo erat.* Era afecto a la sabiduría, llevábale el corazón, andábase tras ella, preciábase de seguidor y amoroso de la sabiduría; y aunque era tan *a longe* que no le comprendía ni alcanzaba, bastó para incurrir sus tormentos. Ni faltó soldado de fuera que no le afligiese, ni mujer doméstica que no le aquejase. Yo confieso que me hallo muy distante de los términos de la sabiduría y que la he deseado seguir, aunque[57] *a longe*. Pero todo ha sido acercarme más al fuego de la persecución, al crisol del tormento; y ha sido con tal extremo que han llegado a solicitar que se me prohíba el estudio.

Una vez lo consiguieron con una prelada muy santa y muy cándida que creyó que el estudio era cosa de Inquisición y me mandó que no estudiase. Yo la obedecí (unos tres meses que duró el poder ella mandar) en cuanto a no tomar libro, que en cuanto a no estudiar absolutamente, como no cae debajo de mi potestad, no lo pude hacer, porque aunque no estudiaba en los libros, estudiaba en todas las cosas que Dios crió, sirviéndome ellas de letras, y de libro toda esta máquina universal. Nada veía sin refleja; nada oía sin consideración, aun en las cosas más menudas y materiales; porque como no hay criatura, por baja que sea, en que no se conozca el *me fecit Deus*, no hay alguna que no pasme el entendimiento, si se considera como se debe. Así yo, vuelvo a decir, las miraba y admiraba todas; de tal manera que de las mismas personas con quienes hablaba, y de lo que me decían, me estaban resaltando mil consideraciones: ¿De dónde emanaría aquella variedad de genios e ingenios, siendo todos de una especie? ¿Cuáles serían los temperamentos y ocultas cualidades que lo ocasionaban? Si veía una figura, estaba combinando la proporción de sus líneas y mediándola con el entendimiento y reduciéndola a otras diferentes. Paseábame algunas veces en el testero de un dormitorio nuestro (que es una pieza muy capaz) y estaba observando que siendo las líneas de sus dos lados paralelas y su techo a nivel, la vista fingía que sus líneas se inclinaban una a otra y que su techo estaba más bajo en lo distante que en lo próximo: de donde infería que las líneas visuales corren rectas, pero no paralelas, sino que van a formar una figura piramidal. Y discurría si sería ésta la razón que obligó a los antiguos a dudar si el mundo era esférico o no. Porque, aunque lo parece, podía ser engaño de la vista, demostrando concavidades donde pudiera no haberlas.

Este modo de reparos en todo me sucedía y sucede siempre, sin tener yo arbitrio en ello, que antes me suelo enfadar porque me cansa la cabeza; y yo creía que a todos sucedía esto mismo y el hacer versos, hasta que la experiencia me ha mostrado lo contrario; y es de tal manera esta naturaleza o costumbre, que nada veo sin segunda consideración. Estaban en mi presencia dos niñas jugando con un trompo, y apenas yo vi el movimiento y la figura, cuando empecé, con esta mi locura, a considerar el fácil moto de la forma esférica, y cómo duraba el impulso ya impreso e independiente de su causa, pues distante la mano de la niña, que era la causa motiva, bailaba el trompillo; y no contenta con esto, hice traer harina y cernerla para que, en bailando el trompo encima, se conociese si eran círculos perfectos o no los que describía con su movimiento; y hallé que no eran sino unas líneas espirales que iban perdiendo lo circular cuanto se iba remitiendo el impulso. Jugaban otras a los alfileres (que es el más frívolo juego que usa la puerilidad); yo me llegaba a contemplar las figuras que formaban; y viendo que acaso se pusieron tres en triángulo, me ponía a enlazar uno en otro, acordándome de que aquélla era la figura que dicen tenía el misterioso anillo de Salomón, en que había unas lejanas luces y representaciones de la Santísima Trinidad, en virtud de lo cual obraba tantos prodigios y maravillas; y la misma que dicen tuvo el arpa de David, y que por eso sanaba Saúl a su sonido; y casi la misma conservan las arpas en nuestros tiempos.

Pues ¿qué os pudiera contar, Señora, de los secretos naturales que he descubierto estando guisando? Veo que un huevo se une y fríe en la manteca o aceite y, por contrario, se despedaza en el almíbar; ver que para que el azúcar se conserve útil basta echarle una muy mínima parte de agua en que haya estado membrillo u otra fruta agria: ver que la yema y clara de un mismo huevo son tan contrarias, que en los unos, que sirven para el azúcar, sirve cada una de por sí y juntos no. Por no cansaros con tales frialdades, que sólo refiero por daros entera noticia de mi natural y creo que os causará risa; pero, Señora, qué podemos saber las mujeres sino filosofías de cocina? Bien dijo Lupercio Leonardo,[58] que bien se puede filosofar y aderezar la cena. Y yo suelo decir viendo estas cosillas: Si Aristóteles hubiera guisado, mucho más hubiera escrito. Y prosiguiendo en mi modo de cogitaciones, digo que esto es tan continuo en mí, que no necesito de libros; y en una ocasión que, por un grave accidente de estómago, me prohibieron los médicos el estudio, pasé así algunos días, y luego les propuse que era menos dañoso el concedérmelos, porque eran tan fuertes y vehementes mis cogitaciones, que consumían más espíritus en un cuarto de hora que el estudio de los libros en cuatro días; y así se redujeron a concederme que leyese; y más, Señora mía, que ni aun el sueño se libró de este continuo movimiento de mi imaginativa; antes suele obrar en él más libre y desembarazada, confiriendo con mayor claridad y sosiego las especies que ha conservado del día, arguyendo, haciendo versos, de que os pudiera hacer un catálogo muy grande, y de algunas razones y delgadezas que he alcanzado dormida mejor que despierta, y las dejo por no cansaros, pues basta lo dicho para a que vuestra discreción y trascendencia penetre y se entere perfectamente en todo mi natural y del principio, medios y estado de mis estudios.

Si éstos, Señora, fueran méritos (como los veo por tales celebrar en los hombres), no lo hubieran sido en mí, porque obro necesariamente. Si son culpa, por la misma razón creo que no la he tenido; mas, con todo, vivo siempre tan desconfiada de mí, que ni en esto ni en otra cosa me fío de mi juicio; y así remito la decisión a ese soberano talento, sometiéndome luego a lo que sentenciare, sin contradicción ni repugnancia, pues esto no ha sido más de una simple narración de mi inclinación a las letras.

[59]Confieso también que con ser esto verdad tal que, como he dicho, no necesitaba de ejemplares, con todo no me han dejado de ayudar los muchos que he leído, así en divinas como en humanas letras. Porque veo a una Débora[60] dando leyes, así en lo militar como en lo político, y gobernando el pueblo donde había tantos varones doctos. Veo una sapientísima rei-

na de Sabá, tan docta que se atreve a tentar con enigmas la sabiduría del mayor de los sabios sin ser por ello reprendida, antes por ello será Juez de los incrédulos. Veo tantas y tan insignes mujeres: unas adornadas del don de profecía, como una Abigaíl; otras de persuasión, como Ester; otras, de piedad, como Rahab; otras de perseverancia, como Ana, madre de Samuel; y otras infinitas, en otras especies de prendas y virtudes.

Si revuelvo a los gentiles, lo primero que encuentro es con las Sibilas, elegidas de Dios para profetizar los principales misterios de nuestra Fe; y en tan doctos y elegantes versos que suspenden la admiración. Veo adorar por diosa de las ciencias a una mujer como Minerva, hija del primer Júpiter y maestra de toda la sabiduría de Atenas. Veo una Pola Argentaria, que ayudó a Lucano, su marido, a escribir la gran Batalla Farsálica. Veo a la hija del divino Tiresias, más docta que su padre. Veo a una Cenobia, reina de los Palmirenos, tan sabia como valerosa. A una Arete, hija de Aristipo, doctísima. A una Nicostrata, inventora de las letras latinas y eruditísima en las griegas. A una Aspasia Milesia que enseñó filosofía y retórica y fue maestra del filósofo Pericles. A una Hipasia que enseñó astrología y leyó mucho tiempo en Alejandría. A una Leoncia, griega, que escribió contra el filósofo Teofrasto y le convenció. A una Jucia, a una Corina, a una Cornelia; y en fin a toda la gran turba de las que merecieron nombres, ya de griegas, ya de musas, ya de pitonisas; pues todas no fueron más que mujeres doctas, tenidas y celebradas y también veneradas de la antigüedad por tales. Sin otras infinitas, de que están los libros llenos, pues veo aquella egipcíaca Catarina, leyendo y convenciendo todas las sabidurías de los sabios de Egipto. Veo una Gertrudis leer, escribir y enseñar. Y para no buscar ejemplos fuera de casa, veo una santísima madre mía, Paula, docta en las lenguas hebrea, griega y latina y aptísima para interpretar las Escrituras. ¿Y qué más que siendo su cronista un Máximo Jerónimo, apenas se hallaba el Santo digno de serlo, pues con aquella viva ponderación y enérgica eficacia con que sabe explicarse dice: Si todos los miembros de mi cuerpo fuesen lenguas, no bastarían a publicar la sabiduría y virtud de Paula. Las mismas alabanzas le mereció Blesila, viuda; y las mismas la esclarecida virgen Eustoquio, hijas ambas de la misma Santa; y la segunda, tal, que por su ciencia era llamada Prodigio del Mundo. Fabiola, romana, fue también doctísima en la Sagrada Escritura. Proba Falconia, mujer romana, escribió un elegante libro con centones de Virgilio, de los misterios de Nuestra Santa Fe. Nuestra reina Doña Isabel, mujer del décimo Alfonso, es corriente que escribió de astrología. Sin otras que omito por no trasladar lo que otros han dicho (que es vicio que siempre he abominado), pues en nuestros tiempos está floreciendo la gran Cristina Alejandra, Reina de Suecia, tan docta como valerosa y magnánima, y las Excelentísimas señoras Duquesa de Aveyro y Condesa de Villaumbrosa.

El venerable Doctor Arce (digno profesor de Escritura por su virtud y letras), en su Studioso Bibliorum excita esta cuestión:[61] *An liceat foeminis sacrorum Bibliorum studio incumbere? eaque interpretari?* Y trae por la parte contraria muchas sentencias de santos, en especial aquello del Apóstol:[62] *Mulieres in Ecclesiis taceant, non enim permittitur eis loqui*, etc. Trae después otras sentencias, y del mismo Apóstol aquel lugar ad Titum:[63] *Anus Similiter in habitu sancto bene docentes* con interpretaciones de los Santos Padres; y al fin resuelve, con su prudencia, que el leer públicamente en las cátedras y predicar en los púlpitos, no es lícito a las mujeres; pero que el estudiar, escribir y enseñar privadamente, no sólo les es lícito, pero muy provechoso y útil; claro está que esto no se debe entender con todas, sino con aquellas a quienes hubiere Dios dotado de especial virtud y prudencia y que fueren muy proveectas y eruditas y tuvieren el talento y requisitos necesarios para tan sagrado empleo. Y esto es tan justo que no sólo a las mujeres, que por tan ineptas están tenidas, sino a los hombres, que con sólo serlo piensan que son sabios, se había de prohibir la interpretación de las Sagradas Letras, en no siendo muy doctos y virtuosos y de ingenios dóciles y bien inclinados; porque de lo contrario creo yo que han salido tantos sectarios y que ha sido la raíz de tantas herejías; porque hay muchos que estudian para ignorar, especialmente los que son de ánimos arrogantes, inquietos y soberbios, amigos de novedades en la Ley (que es quien las rehúsa); y así hasta que por decir lo que nadie ha dicho dicen una herejía, no están contentos. De éstos dice el Espíritu Santo:[64] *In malevolam animam non introibit sapientia*. A éstos, más daño les hace el saber que les hiciera el ignorar. Dijo un discreto que no es necio entero el que no sabe latín, pero el que lo sabe está calificado. Y añado yo que le perfecciona (si es perfección la necedad) el haber estudiado su poco de filosofía y teología y el tener alguna noticia de lenguas, que con eso es necio en muchas ciencias y lenguas: porque un necio grande no cabe en sólo la lengua materna.

A éstos, vuelvo a decir, hace daño el estudiar, porque es poner espada en manos del furioso; que siendo instrumento nobilísimo para la defensa, en sus manos es muerte suya y de muchos. Tales fueron las Divinas Letras en poder del malvado Pelagio y del protervo Arrio, del malvado Lutero y de los demás heresiarcas, como lo fue nuestro Doctor (nunca fue nuestro ni doctor) Cazalla; a los cuales hizo daño la sabiduría porque aunque es el mejor alimento y vida del alma, a la manera que en el estómago mal acomplexionado y de viciado calor, mientras mejores los alimentos que recibe, más áridos, fermentados y perversos son los humores que cría, así estos malévolos, mientras más estudian, peores opiniones engendran; obstrúyeseles el entendimiento con lo mismo que había de alimentarse, y es que estudian mucho y digieren poco, sin proporcionarse al vaso limitado de sus entendimientos. A esto dice el Apóstol:[65] *Dico enim per gratiam quae data est mihi, omnibus quie sunt inter vos: Non plus sapere quam oportet sapere, sed sapere ad sobrietatem: et unicuique sicut Deus divisit mensuram fidei.* Y en verdad no lo dijo el Apóstol a las mujeres, sino a los hombres; y que no es sólo para ellas el *taceant,* sino para todos los que no fueren muy aptos. Querer yo saber tanto o más que Aristóteles o que San Agustín, si no tengo la aptitud de San Agustín o de Aristóteles, aunque estudie más que los dos, no sólo no lo conseguiré sino que debilitaré y entorpeceré la operación de mi flaco entendimiento con la desproporción del objeto.

¡Oh si todos –y yo la primera, que soy una ignorante– nos tomásemos la medida al talento antes de estudiar, y lo peor es, de escribir con ambiciosa codicia de igualar y aun de exceder a otros, qué poco ánimo nos quedara y de cuántos errores nos excusáramos y cuántas torcidas inteligencias que andan por ahí no anduvieran! Y pongo las mías en primer lugar, pues si conociera, como debo, esto mismo no escribiera. Y protesto que sólo lo hago por obedeceros; con tanto recelo, que me debéis más en tomar la pluma con este temor, que me debiérades si os remitiera más perfectas obras. Pero, bien que va a vuestra corrección; borradlo, rompedlo y reprendedme, que eso apreciaré yo más que todo cuanto vano aplauso me pueden otros dar:[66] *Corripiet me iustus in misericordia, et increpabit: oleum autem peccatoris non impinguet caput meum.*

Y volviendo a nuestro Arce, digo que trae en confirmación de su sentir aquellas palabras de mi Padre San Jerónimo (ad Laetam, de institutione filiae), donde dice:[67] *Adhuc tenera lingua psalmis dulcibus imbuatur. Ipsa nomina per quae consuescit paulatim verba contexere; non sint fortuita, sed certa, et coacervata de industria. Prophetarum videlicet, atque Apostolorum, et omnis ab Adam Patriarcharum series, de Matthaeo, Lucaque descendat, ut dum aliud agit, futurae memoriae praeparetur. Reddat tibi pensum quotidie, de Scripturarum floribus carptum.* Pues si así quería el Santo que se educase una niña que apenas empezaba a hablar, ¿qué querrá en sus monjas y en sus hijas espirituales? Bien se conoce en las referidas Eustoquio y Fabiola y en Marcela, su hermana, Pacátula y otras a quienes el Santo honra en sus epístolas, exhortándolas a este sagrado ejercicio, como se conoce en la citada epístola donde noté yo aquel *reddat tibi pensum,* que es reclamo y concordante del *bene docentes* de San Pablo; pues el *reddat tibi* de mi gran Padre da a entender que la maestra de la niña ha de ser la misma Leta su madre.

¡Oh cuántos daños se excusaran en nuestra república si las ancianas fueran doctas como Leta, y que supieran enseñar como manda San Pablo y mi Padre San Jerónimo! Y no que por defecto de esto y la suma flojedad en que han dado en dejar a las pobres mujeres, si algunos padres desean doctrinar más de lo ordinario a sus hijas, les fuerza la necesidad y falta de ancianas sabias, a llevar maestros hombres a enseñar a leer, escribir y contar, a tocar y otras habilidades, de que no pocos daños resultan, como se experimentan cada día en lastimosos ejemplos de desiguales consorcios, porque con la inmediación del trato y la comunicación del tiempo, suele hacerse fácil lo que no se pensó ser posible. Por lo cual, muchos quieren más dejar bárbaras e incultas a sus hijas que no exponerlas a tan notorio peligro como la familiaridad con los hombres, lo cual se excusara si hubiera ancianas doctas, como quiere San Pablo, y de unas en otras fuese sucediendo el magisterio como sucede en el de hacer labores y lo demás que es costumbre.

Porque ¿qué inconveniente tiene que una mujer anciana, docta en letras y de santa conversación y costumbres, tuviese a su cargo la educación de las doncellas? Y no que éstas o se pierden por falta de doctrina o por querérsela aplicar por tan peligrosos medios cuales son los maestros hombres, que cuando no hubiera más riesgo que la indecencia de sentarse al lado de una mujer verecunda (que aun se sonrosea de que la mire a la cara su propio padre) un hombre tan extraño, a tratarla con casera familiaridad y a tratarla con magistral llaneza, el pudor del trato con los hombres y de su conversación basta para que no se permitiese. Y no hallo yo que este modo de enseñar de hombres a mujeres pueda ser sin peligro, si no es en el severo tribunal de un confesonario o en la distante docencia de los púlpitos o en el remoto conocimiento de los libros, pero no en el manoseo de la inmediación. Y todos conocen que esto es verdad; y con todo, se permite sólo por el defecto de no haber ancianas sabias; luego es grande daño el no haberlas. Esto debían considerar los que atados al *Mulieres in Ecclesia taceant,* blasfeman de que las mujeres sepan y enseñen; como que no fuera el mismo Apóstol el que dijo: *bene docentes.* Demás de que aquella prohibición cayó sobre lo historial que refiere Eusebio, y es que en la Iglesia primitiva se ponían las mujeres a enseñar las doctrinas unas a otras en los templos; y este rumor confundía cuando predicaban los apóstoles y por eso se les mandó callar; como ahora sucede, que mientras predica el predicador no se reza en alta voz.

No hay duda de que para inteligencia de muchos lugares es menester mucha historia, costumbres, ceremonias, proverbios y aun maneras de hablar de aquellos tiempos en que se escribieron, para saber sobre qué caen y a qué aluden algunas locuciones de las divinas letras. [68]*Scindite corda vestra et non vestimenta vestra* ¿no es alusión a la ceremonia que tenían los hebreos de rasgar los vestidos, en señal de dolor, como lo hizo el mal pontífice cuando dijo que Cristo había blasfemado? Muchos lugares del Apóstol sobre el socorro de las viudas ¿no miraban también a las costumbres de aquellos tiempos? Aquel lugar de la mujer fuerte:[69] *Nobilis in portis vir eius* ¿no alude a la costumbre de estar los tribunales de los jueces en las puertas de las ciudades? El[70] *dare terram Deo* ¿no significaba hacer algún voto? *Hiemantes* ¿no se llamaban los pecadores públicos, porque hacían penitencia a cielo abierto, a diferencia de los otros que la hacían en un portal? Aquella queja de Cristo al fariseo de la falta del ósculo y lavatorio de pies ¿no se fundó en la costumbre que de hacer estas cosas tenían los judíos? Y otros infinitos lugares no sólo de las letras divinas sino también de las humanas, que se topan a cada paso, como el *adorate purpuram,* que significaba obedecer al rey; el *manumittere eum,* que significa dar libertad, aludiendo a la costumbre y ceremonia de dar una bofetada al esclavo para darle libertad. Aquel *intonuit coelum,* de Virgilio,[71] que alude al agüero de tronar hacia occidente, que se tenía por bueno. Aquel[72] *tu nunquam leporem edisti,* de Marcial,[73] que no sólo tiene el donaire de equívoco en el *leporem,* sino la alusión a la propiedad que decían tener la liebre. Aquel proverbio:[74] *Maleam legens quae sunt domi obliviscere* que alude al gran peligro del promontorio de Laconia. Aquella respuesta de la casta matrona al pretensor molesto, de: *por mí no se untarán los quicios, ni arderán las teas,* para decir que no quería casarse, aludiendo a la ceremonia de untar las puertas con manteca y encender las teas nupciales en los matrimonios; como si ahora dijéramos: por mí no se gastarán arras ni echará bendiciones el cura. Y así hay tanto comento de Virgilio y de Homero y de todos los poetas y oradores. Pues fuera de esto, ¿qué dificultades no se hallan en los lugares sagrados, aun en lo gramatical, de ponerse el plural por singular, de pasar de segunda a tercera persona, como aquello de los Cantares:[75] *osculetur me osculo oris sui: quia meliora sunt ubera tua vino?* Aquel poner los adjetivos en genitivo, en vez de acusativo, como[76] *Calicem salutaris accipiam?* Aquel poner el femenino por masculino; y, al contrario, llamar adulterio a cualquier pecado?

Todo esto pide más lección de lo que piensan algunos que, de meros gramáticos, o cuando mucho con cuatro términos de Súmulas, quieren interpretar las Escrituras y se aferran del *Mulieres in Ecclesiis taceant,* sin saber cómo se ha de entender. Y de otro lugar:[77] *Mulier in silentio discat*; siendo este lugar más en favor que en contra de las mujeres, pues manda que aprendan, y mientras aprenden claro está que es necesario que callen. Y también está escrito: *Audi Israel et tace*; donde se habla con toda la colección de los hombres y mujeres, y a todos se manda callar, porque quien oye y aprende es mucha razón que atienda y calle. Y si no, yo quisiera que estos intérpretes y expositores de San Pablo me explicaran cómo entienden aquel lugar: *Mulieres in Ecclesia taceant*. Porque o lo han de entender de lo material de los púlpitos y cátedras, o de lo formal de la universalidad de los fieles, que es la Iglesia. Si lo entienden de lo primero (que es, en mi sentir, su verdadero sentido, pues vemos que, con efecto, no se permite en la Iglesia que las mujeres lean públicamente ni prediquen), ¿por qué reprenden a las que privadamente estudian? Y si lo entienden de lo segundo y quieren que la prohibición del Apóstol sea trascendentalmente, que ni en lo secreto se permita escribir ni estudiar a las mujeres, ¿cómo vemos que la Iglesia ha permitido que escriba una Gertrudis, una Teresa, una Brígida, la monja de Ágreda y otras muchas? Y si me dicen que estas eran santas, es verdad, pero no obsta a mi argumento; lo primero, porque la proposición de San Pablo es absoluta y comprende a todas las mujeres sin excepción de santas, pues también en su tiempo lo eran Marta y María, Marcela, María madre de Jacob, y Salomé, y otras muchas que había en el fervor de la primitiva Iglesia, y no las exceptúa; y ahora vemos que la Iglesia permite escribir a las mujeres santas y no santas, pues la de Ágreda y María de la Antigua no están canonizadas y corren sus escritos; y ni cuando Santa Teresa y las demás escribieron, lo estaban: luego la prohibición de San Pablo sólo miró a la publicidad de los púlpitos, pues si el Apóstol prohibiera el escribir, no lo permitiera la Iglesia. Pues ahora, yo no me atrevo a enseñar –que fuera en mí muy desmedida presunción–: y el escribir, mayor talento que el mío requiere y muy grande consideración. Así lo dice San Cipriano:[78-79] *Gravi consideratione indigent, quae scribimus*. Lo que sólo he deseado es estudiar para ignorar menos: que, según San Agustín, unas cosas se aprenden para hacer y otras para sólo saber:⁸⁰ *Discimus quaedam, ut sciamus; quaedam ut faciamus.* Pues ¿en qué ha estado el delito, si aun lo que es lícito a las mujeres, que es enseñar escribiendo, no hago yo porque conozco que no tengo caudal para ello, siguiendo el consejo de Quintiliano:⁸¹ *Noscat quisque, et non tantum ex alienis praeceptis, sed ex natura sua capiat consilium?*

Si el crimen está en la Carta Atenagórica, ¿fue aquélla más que referir sencillamente mi sentir con todas las venias que debo a nuestra Santa Madre Iglesia? Pues si ella, con su santísima autoridad, no me lo prohíbe, ¿por qué me lo han de prohibir otros? ¿Llevar una opinión contraria de Vieyra fue en mí atrevimiento, y no lo fue en su Paternidad llevarla contra los tres Santos Padres de la Iglesia? Mi entendimiento tal cual ¿no es tan libre como el suyo, pues viene de un solar? ¿Es alguno de los principios de la Santa Fe, revelados, su opinión, para que la hayamos de creer a ojos cerrados? Demás que yo ni falté al decoro que a tanto varón se debe, como acá ha faltado su defensor, olvidado de la sentencia de Tito Lucio:⁸²⁻⁸³ *Artes committatur decor;* ni toqué a la Sagrada Compañía en el pelo de la ropa; ni escribí más que para el juicio de quien me lo insinuó; y según Plinio,⁸⁴ *non similis est conditio publicantis, et nominatim dicentis.* Que si creyera se había de publicar, no fuera con tanto desaliño como fue. Si es, como dice el censor, herética, ¿por qué no la delata? y con eso él quedará vengado y yo contenta, que aprecio, como debo, más el nombre de católica y de obediente hija de mi Santa Madre Iglesia, que todos los aplausos de docta. Si está bárbara –que en eso dice bien–, ríase, aunque sea con la risa que dicen del conejo, que yo no le digo que me aplauda, pues como yo fui libre para disentir de Vieyra, lo será cualquiera para disentir de mi dictamen.

Pero ¿dónde voy, Señora mía? Que esto no es de aquí, ni es para vuestros oídos, sino que como voy tratando de mis impugnadores, me acordé de las cláusulas de uno que ha salido ahora, e insensiblemente se deslizó la pluma a quererle responder en particular siendo mi intento hablar en general. Y así, volviendo a nuestro Arce, dice que conoció en esta ciudad dos monjas; la una en el convento de Regina, que tenía el Breviario de tal manera en la memoria, que aplicaba con grandísima prontitud y propiedad sus versos, salmos y sentencias de homilías de los santos, en las conversaciones. La otra, en el convento de la Concepción, tan acostumbrada a leer las Epístolas de mi Padre San Jerónimo, y locuciones del Santo, de tal manera que dice Arce:[85] *Hieronymum ipsum hispane loquentem audire me existimarem.* Y de ésta dice que supo, después de su muerte, había traducido dichas Epístolas en romance; y se duele de que tales talentos no se hubieran empleado en mayores estudios con principios científicos, sin decir los nombres de la una ni de la otra, aunque las trae para confirmación de su sentencia, que es que no sólo es lícito, pero utilísimo y necesario a las mujeres el estudio de las sagradas letras, y mucho más a las monjas, que es lo mismo a que vuestra discreción me exhorta y a que concurren tantas razones.

Pues si vuelvo los ojos a la tan perseguida habilidad de hacer versos –que en mí es tan natural, que aun me violento para que esta carta no lo sean, y pudiera decir aquello de[86] *Quidquid conabar dicere, versus erat–*, viéndola condenar a tantos tanto y acriminar, he buscado muy de propósito cuál sea el daño que puedan tener, y no le he hallado; antes sí los veo aplaudidos en las bocas de las Sibilas; santificados en las plumas de los Profetas, especialmente del Rey David, de quien dice el gran expositor y amado Padre mío, dando razón de las mensuras de sus metros:[87] *In morem Flacci et Pindari nunc iambo currit, nunc alcaico personat, nunc sapphico tumet nunc semipede ingreditur.* Los más de los libros sagrados están en metro, como el Cántico de Moisés; y los de Job, dice San Isidoro,[88] en sus Etimologías, que están en verso heroico. En los Epitalamios los escribió Salomón; en los Trenos, Jeremías. Y así dice Casiodoro:[89] *Omnis poetica locutio a Divinis scripturis sumpsit exordium.* Pues nuestra Iglesia Católica no sólo no los desdeña, mas los usa en sus Himnos y recita los de San Ambrosio, Santo Tomás, de San Isidoro y otros. San Buenaventura les tuvo tal afecto que apenas hay plana suya sin versos. San Pablo bien se ve que los había estudiado, pues los cita, y traduce el de Arato:[90] *In ipso enim vivimus, et movemur, et sumus* y alega el otro de Parménides: *Cretenses semper mendaces, malae bestiae, pigri.* San Gregorio Nacianceno disputa en elegantes versos las cuestiones de Matrimonio y la de la Virginidad. Y ¿qué me canso? La Reina de la Sabiduría y Señora nuestra, con sus sagrados labios, entonó el Cántico de la *Magnificat;* y habiéndola traído por ejemplar, agravio fuera traer ejemplos, profanos, aunque sean de varones gravísimos y doctísimos, pues esto sobra para prueba; y el ver que, aunque como la elegancia hebrea no se pudo estrechar a la mensura latina, a cuya causa el traductor sagrado, más atento a lo importante del sentido, omitió el verso, con todo, retienen los Salmos el nombre y divisiones de versos; pues ¿cuál es el daño que pueden tener ellos en sí? Porque el mal uso no es culpa del arte, sino del mal profesor que los vicia, habiendo de ellos lazos del demonio; y esto en todas las facultades y ciencias sucede.

Pues si está el mal en que los use una mujer, ya se ve cuántas los han usado loablemente; pues ¿en qué está el serlo yo? Confieso desde luego mi ruindad y vileza, pero no juzgo que se habrá visto una copla mía indecente. Demás, que yo nunca he escrito cosa alguna por mi voluntad, sino por ruegos y preceptos ajenos; de tal manera, que no me acuerdo haber escrito por mi gusto sino es un papelillo que llaman *El Sueño*. Esa carta que vos Señora mía, honrasteis tanto, la escribí con más repugnancia que otra cosa; y así porque era de cosas sagradas a quienes (como he dicho) tengo reverente temor, como porque parecía querer impugnar, cosa a que tengo aversión natural. Y creo que si pudiera haber prevenido el dichoso destino a que nacía –pues, como a otro Moisés, la arrojé expósita a las aguas del Nilo del silencio, donde la halló y acarició una princesa como vos–; creo, vuelvo a decir, que si yo tal pensara, la ahogara antes entre las mismas manos en que nacía, de miedo de que pareciesen a la luz de vuestro saber los torpes borrones de mi ignorancia. De donde se conoce la grandeza de vuestra bondad pues está aplaudiendo vuestra voluntad lo que precisamente ha de estar repugnando vuestro clarísimo entendimiento. Pero ya que su ventura la arrojó a vuestras puertas, tan expósita y huérfana que hasta el nombre le pusisteis vos, pésame que, entre más deformidades, llevase también los defectos de la prisa; porque así por la poca salud que continuamente tengo, como por la sobra de ocupaciones en que me pone la obediencia, y carecer de quien me ayude a escribir, y estar necesitada a que todo sea de mi mano y porque, como iba contra mi genio y no quería más que cumplir con la palabra a quien no podía desobedecer, no veía la hora de acabar; y así dejé de poner discursos enteros y muchas pruebas que se me ofrecían, y las dejé por no escribir más; que, a saber que se había de imprimir, no las hubiera dejado, siquiera por dejar satisfechas algunas objeciones que se han excitado, y pudiera remitir, pero no seré tan desatenta que ponga tan indecentes objetos a la pureza de vuestros ojos, pues basta que los ofenda con mis ignorancias, sin que los remita a ajenos atrevimientos. Si ellos por sí volaren por allá (que son tan livianos que sí harán), me ordenaréis lo que debo hacer; que, si no es interviniendo vuestros preceptos, lo que es por mi defensa nunca tomaré la pluma, porque me parece que no necesita de que otro le responda, quien en lo mismo que se oculta conoce su error, pues, como dice mi Padre San Jerónimo[91] *bonus sermo secreta non quaerit*, y San Ambrosio:[92] *latere criminosae est conscientiae*. Ni yo me tengo por impugnada, pues dice una regla del Derecho:[93] *Accusatio non tenetur si non curat de persona, quae produxerit illam*. Lo que sí es de ponderar es el trabajo que le ha costado el andar haciendo traslados. ¡Rara demencia: cansarse más en quitarse el crédito que pudiera en granjearlo! Yo, Señora mía, no he querido responder; aunque otros lo han hecho, sin saberlo yo: basta que he visto algunos papeles, y entre ellos uno que por docto os remito y porque el leerle os desquite parte del tiempo que os he malgastado en lo que yo escribo. Si vos, Señora, gustáredes de que yo haga lo contrario de lo que tenía propuesto a vuestro juicio y sentir, al menor movimiento de vuestro gusto cederá, como es razón, mi dictamen que, como os he dicho, era de callar, porque aunque dice San Juan Crisóstomo:[94] *calumniatores convincere oportet, interrogatores docere,* veo que también dice San Gregorio:[95] *Victoria non minor est, hostes tolerare, quam hostes vincere;* y que la paciencia vence tolerando y triunfa sufriendo. Y si entre los gentiles romanos era costumbre, en la más alta cumbre de la gloria de sus capitanes –cuando entraban triunfando de las naciones, vestidos de púrpura y coronados de laurel, tirando el carro, en vez de brutos, coronadas frentes de vencidos reyes, acompañados de los despojos de las riquezas de todo el mundo y adornada la milicia vencedora de las insignias de sus hazañas, oyendo los aplausos populares en tan honrosos títulos y renombres como llamarlos Padres de la Patria, Columnas del Imperio, Muros de Roma, Amparos de la República y otros nombres gloriosos–, que en este supremo auge de la gloria y felicidad humana fuese un soldado, en voz alta diciendo al vencedor, como con sentimiento suyo y orden del Senado: Mira que eres mortal; mira que tienes tal y tal defecto; sin perdonar los más vergonzosos, como sucedió en el triunfo de César, que voceaban los más viles soldados a sus oídos:[96] *Cavete romani, adducimus vobis adul-*

terum calvum. Lo cual se hacía porque en medio de tanta honra no se desvaneciese el vencedor, y porque el lastre de estas afrentas hiciese contrapeso a las velas de tantos aplausos, para que no peligrase la nave del juicio entre los vientos de las aclamaciones. Si esto, digo, hacían unos gentiles, con sola la luz de la Ley Natural, nosotros, católicos, con un precepto de amar a los enemigos, ¿qué mucho haremos en tolerarlos? Yo de mí puedo asegurar que las calumnias algunas veces me han mortificado, pero nunca me han hecho daño, porque yo tengo por muy necio al que teniendo ocasión de merecer, pasa el trabajo y pierde el mérito, que es como los que no quieren conformarse al morir y al fin mueren sin servir su resistencia de excusar la muerte, sino de quitarles el mérito de la conformidad, y de hacer mala muerte la muerte que podía ser bien. Y así, Señora mía, estas cosas creo que aprovechan más que dañan, y tengo por mayor el riesgo de los aplausos en la flaqueza humana, que suelen apropiarse lo que no es suyo, y es menester estar con mucho cuidado y tener escritas en el corazón aquellas palabras del Apóstol.[97] *Quid autem habes quod non accepisti? Si autem accepisti quid gloriaris quasi non acceperis?* para que sirvan de escudo que resista las puntas de las alabanzas, que son lanzas que, en no atribuyéndose a Dios, cuyas son, nos quitan la vida y nos hacen ser ladrones de la honra de Dios y usurpadores de los talentos que nos entregó y de los dones que nos prestó y de que hemos de dar estrechísima cuenta. Y así, Señora, yo temo más esto que aquello; porque aquello, con sólo un acto sencillo de paciencia, está convertido en provecho; y esto, son menester muchos actos reflexos de humildad y propio conocimiento para que no sea daño. Y así, de mí lo conozco y reconozco que es especial favor de Dios el conocerlo, para saberme portar en uno y en otro con aquella sentencia de San Agustín:[98] *Amico laudanti credendum non est, sicut nec inimico detrahenti.* Aunque yo soy tal que las más veces lo debo de echar a perder o mezclarlo con tales defectos e imperfecciones, que vicio lo que de suyo fuera bueno. Y así, en lo poco que se ha impreso mío, no sólo mi nombre, pero ni el consentimiento para la impresión ha sido dictamen propio, sino libertad ajena que no cae debajo de mi dominio, como lo fue la impresión de la Carta Atenagórica; de suerte que solamente unos *Ejercicios de la Encarnación* y unos *Ofrecimientos de los Dolores* se imprimieron con gusto mío por la pública devoción, pero sin mi nombre; de los cuales remito algunas copias, porque (si os parece) los repartáis entre nuestras hermanas las religiosas de esa santa comunidad y demás de esa ciudad. De los *Dolores* va sólo uno porque se han consumido ya y no pude hallar más. Hícelos sólo por la devoción de mis hermanas, años ha, y después se divulgaron; cuyos asuntos son tan improporcionados a mi tibieza como a mi ignorancia, y sólo me ayudó en ellos ser cosas de nuestra gran Reina: que no sé qué se tiene el que en tratando de María Santísima se enciende el corazón más helado. Yo quisiera, venerable Señora mía, remitiros obras dignas de vuestra virtud y sabiduría; pero como dijo el Poeta:[99]

Ut desint vires, tamen est laudanda voluntas:
hac ego contentos, auguror esse Deos.[100]

Si algunas otras cosillas escribiere, siempre irán a buscar el sagrado de vuestras plantas y el seguro de vuestra corrección, pues no tengo otra alhaja con que pagaros, y en sentir de Séneca, el que empezó a hacer beneficios se obligó a continuarlos; y así os pagará a vos vuestra propia liberalidad, que sólo así puedo yo quedar dignamente desempeñada, sin que caiga en mí aquello del mismo Séneca: *Turpe est beneficiis vinci*.[101] Que es bizarría del acreedor generoso dar al deudor pobre, con que pueda satisfacer la deuda. Así lo hizo Dios con el mundo imposibilitado de pagar: diole a su Hijo propio para que se le ofreciese por digna satisfacción.

[102]Si el estilo, venerable Señora mía, de esta carta, no hubiere sido como a vos es debido, os pido perdón de la casera familiaridad o menos autoridad de que tratándoos como a una religiosa de velo, hermana mía, se me ha olvidado la distancia de vuestra ilustrísima persona, que a veros yo sin velo, no sucediera así; pero vos, con vuestra cordura y benignidad, supliréis o enmendaréis los términos, y si os pareciere incongruo el *Vos* de que yo he usado por parecerme que para la reverencia que os debo es muy poca reverencia la *Reverencia,* mudadlo en el que os pareciere decente a lo que vos merecéis, que yo no me he atrevido a exceder de los límites de vuestro estilo ni a romper el margen de vuestra modestia.

Y mantenedme en vuestra gracia para impetrarme la divina, de que os conceda el Señor muchos aumentos y os guarde, como le suplico y he menester. De este convento de N. Padre San Jerónimo de Méjico, a primero día del mes de marzo de mil seiscientos y noventa y un años.

B. V. M. vuestra más favorecida

Juana Inés de la Cruz

Carta de Sor Filotea de la Cruz

Señora mía: He visto la carta de V. md. en que impugna las finezas de Cristo que discurrió el Reverendo Padre Antonio de Vieira en el Sermón del Mandato con tal sutileza que a los más eruditos ha parecido que, como otra Águila del Apocalipsis, se había remontado este singular talento sobre sí mismo, siguiendo la planta que formó antes el Ilustrísimo César Meneses, ingenio de los primeros de Portugal; pero a mi juicio, quien leyere su apología de V. md. no podrá negar que cortó la pluma más delgada que ambos y que pudieran gloriarse de verse impugnados de una mujer que es honra de su sexo.

Yo, a lo menos, he admirado la viveza de los conceptos, la discreción de sus pruebas y la enérgica claridad con que convence el asunto, compañera inseparable de la sabiduría; que por eso la primera voz que pronunció la Divina fue *luz*, porque sin claridad no hay voz de sabiduría. Aun la de Cristo, cuando hablaba altísimos misterios entre los velos de las parábolas, no se tuvo por admirable en el mundo; y sólo cuando habló claro, mereció la aclamación de saberlo todo. Éste es uno de los muchos beneficios que debe V. md.

a Dios; porque la claridad no se adquiere con el trabajo e industria: es don que se infunde con el alma.

Para que V. md. se vea en este papel de mejor letra, le he impreso; y para que reconozca los tesoros que Dios depositó en su alma, y le sea, como más entendida, más agradecida: que la gratitud y el entendimiento nacieron siempre de un mismo parto. Y si como V. md. dice en su carta, quien más ha recibido de Dios está más obligado a la correspondencia, temo se halle V. md. alcanzada en la cuenta: pues pocas criaturas deben a Su Majestad mayores talentos en lo natural, con que ejecuta al agradecimiento, para que si hasta aquí los ha empleado bien (que así lo debo creer de quien profesa tal religión), en adelante sea mejor.

No es mi juicio tan austero censor que esté mal con los versos –en que V. md. se ha visto tan celebrada–, después que Santa Teresa, el Nacienceno y otros santos canonizaron con los suyos esta habilidad: pero deseara que les imitara, así como en el metro, también en la elección de los asuntos.

No apruebo la vulgaridad de los que reprueban en las mujeres el uso de las letras, pues tantas se aplicaron a este estudio, no sin alabanza de San Jerónimo. Es verdad que dice San Pablo que las mujeres no enseñen; pero no manda que las mujeres no estudien para saber; porque sólo quiso prevenir el riesgo de elación en nuestro sexo, propenso siempre a la vanidad. A Sarai la quitó una letra la Sabiduría Divina, y puso una más al nombre de Abram, no porque el varón ha de tener más letras que la mujer, como sienten muchos, sino porque la i añadida al nombre de Sara explicaba tumor y dominación. *Señora mía* se interpreta Sarai; y no convenía que fuese en la casa de Abraham señora la que tenía empleo de súbdita.

Letras que engendran elación, no las quiere Dios en la mujer: pero no las reprueba el Apóstol cuando no sacan a la mujer del estado de obediente. Notorio es a todos que el estudio y saber han contenido a V. md. en el estado de súbdita, y que la han servido de perfeccionar primores de obediente; pues si las demás religiosas por la obediencia sacrifican la voluntad, V. md. cautiva el entendimiento, que es el más arduo y agradable holocausto que puede ofrecerse en las aras de la Religión.

No pretendo, según este dictamen, que V. md. mude el genio renunciando los libros sino que le mejore, leyendo alguna vez el de Jesucristo. Ninguno de los evangelistas llamó libro a la genealogía de Cristo, si no es San Mateo, porque en su conversión no quiso este Señor mudarle la inclinación, sino mejorarla, para que si antes, cuando publicano, se ocupaba en libros de sus tratos e intereses, cuando apóstol mejorase el genio, mudando los libros de su ruina en el libro de Jesucristo. Mucho tiempo ha gastado V. md. en el estudio de filósofos y poetas; ya será razón que se perfeccionen los empleos y que se mejoren los libros.

¿Qué pueblo hubo más erudito que Egipto? En él empezaron las primeras letras del mundo, y se admiraron los jeroglíficos.

Por grande ponderación de la sabiduría de José, le llama la Sagrada Escritura consumado en la erudición de los egipcios. Y con todo eso, el Espíritu Santo dice abiertamente que el pueblo de los egipcios es bárbaro: porque toda su sabiduría, cuando más, penetraba los movimientos de las estrellas y cielos, pero no servía para enfrenar los desórdenes de las pasiones; toda su ciencia tenía por empleo perfeccionar al hombre en la vida política, pero no ilustraba para conseguir la eterna. Y ciencia que no alumbra para salvarse, Dios, que todo lo sabe la califica por necedad.

Así lo sintió Justo Lipsio (pasmo de la erudición), estando vecino a la muerte y a la cuenta, cuando el entendimiento está más ilustrado; que consolándole sus amigos con los muchos libros que había escrito de erudición, dijo señalando a un santocristo: *Ciencia que no es del Crucificado, es necedad y sólo vanidad.*

No repruebo por esto la lección de estos autores; pero digo a V. md. lo que aconsejaba Gersón: Préstese V. md., no se venda, ni se deje robar de estos estudios. Esclavas son las letras humanas y suelen aprovechar a las divinas; pero deben reprobarse cuando roban la posesión del entendimiento humano a la Sabiduría Divina, haciéndose señoras las que se destinaron a la servidumbre. Comendables son, cuando el motivo de la curiosidad, que es vicio, se pasa a la estudiosidad, que es virtud.

A San Jerónimo le azotaron los ángeles porque leía en Cicerón, arrastrado y no libre, prefiriendo el deleite de su elocuencia a la solidez de la Sagrada Escritura; pero loablemente se aprovechó este Santo Doctor de sus noticias y de la erudición profana que adquirió en semejantes autores.

No es poco el tiempo que ha empleado V. md. en estas ciencias curiosas; pase ya, como el gran Boecio, a las provechosas, juntando a las sutilezas de la natural, la utilidad de una filosofía moral.

Lástima es que un tan gran entendimiento, de tal manera se abata a las rateras noticias de la tierra, que no desee penetrar lo que pasa en el Cielo; y ya que se humille al suelo, que no baje más abajo, considerando lo que pasa en el Infierno. Y si gustare algunas veces de inteligencias dulces y tiernas, aplique su entendimiento al Monte Calvario, donde viendo finezas del Redentor e ingratitudes del redimido, hallará gran campo para ponderar excesos de un amor infinito y para formar apologías, no sin lágrimas contra una ingratitud que llega a lo sumo. O que útilmente, otras veces, se engolfara ese rico galeón de su ingenio de V. md. en la alta mar de las perfecciones divinas. No dudo que sucedería a V. md. lo que a Apeles, que copiando el retrato de Campaspe, cuantas líneas corría con el pincel por el lienzo, tantas heridas hacía en su corazón la saeta del amor, quedando al mismo tiempo perfeccionado el retrato y herido mortalmente de amor del original el corazón del pintor.

Estoy muy cierta y segura que si V. md., con los discursos vivos de su entendimiento, formase y pintase una idea de las perfecciones divinas (cual se permite entre las tinieblas de la fe), al mismo tiempo se vería ilustrada de luces su alma y abrasada su voluntad y dulcemente herida de amor de su Dios, para que este Señor, que ha llovido tan abundantemente beneficios positivos en lo natural sobre V. md., no se vea obligado a concederla beneficios solamente negativos en lo sobrenatural; que por más que la discreción de V. md. les llame finezas, yo les tengo por castigos: porque só-

---

* Sobre las condiciones de producción de la Carta, véase E. P.

lo es beneficio el que Dios hace al corazón humano previniéndole con su gracia para que le corresponda agradecido, disponiéndose con un beneficio reconocido, para que no represada, la liberalidad divina se los haga mayores.

Esto desea a V. md. quien, desde que la besó, muchos años ha, la mano, vive enamorada de su alma, sin que se haya entibiado este amor con la distancia ni el tiempo; porque el amor espiritual no padece achaques de mudanza, ni le reconoce el que es puro si no es hacia el crecimiento. Su Majestad oiga mis súplicas y haga a V. md. muy santa, y me la guarde en toda prosperidad.

De este Convento de la Santísima Trinidad, de la Puebla de los Ángeles, y noviembre 25 de 1690.

B. L. M. de V. md. su afecta servidora

FILOTEA DE LA CRUZ

Carta de Monterrey*

Carta de la madre Juana Inés de la Cruz escrita al R. P. M. Antonio Núñez, de la Compañía de Jesús.

Pax Xpti.

Aunque ha muchos tiempos que varias personas me han informado de que soy la única represible en las conversaciones de V. R. fiscalizando mis acciones con tan agria ponderación como llegarlas a *escándalo público,* y otros epítetos no menos horrorosos, y aunque pudiera la propia conciencia moverme a la defensa, pues no soy tan absoluto dueño de mi crédito, que no esté coligado con el de un linaje que tengo, y una comunidad en que vivo, con todo esto, he querido sacrificar el sufrimiento a la suma veneración; y filial cariño con que siempre he respetado a V. R. queriendo más aína que cayesen sobre mí todas las objeciones, que no que pareciera pasaba yo la línea de mi justo, y debido respeto en redargüir a V. R. en lo cual confieso ingenuamente que no pude merecer nada para con Dios, pues fue más humano respeto a su persona, que cristiana paciencia; y esto no ignorando yo la veneración y crédito grande que V. R. (con mucha razón) tiene con todos, y que le oyen como a un oráculo divino y aprecian sus palabras como dictadas del espíritu Santo, y que cuanto mayor es su autoridad, tanto más queda perjudicado mi crédito; con todo esto nunca he querido asentir a las instancias que a que responda me ha hecho, no sé si la razón o si el amor propio (que éste tal vez con capa de razón nos arrastra) juzgando que mi silencio sería el medio más suave para que V. R. se desapasionase; hasta que con el tiempo he reconocido que antes parece que le irrita mi paciencia, y así determiné responder a V. R. salvando y suponiendo mi amor, mi obligación y mi respeto.

La materia, pues, de este enojo de V. R. (muy amado Padre y Señor mío) no ha sido otra que la de estos negros versos de que el cielo tan contra la voluntad de V. R. me dotó. Éstos he rehusado sumamente el hacerlos y me he excusado todo lo posible no porque en ellos hallase yo razón de bien ni de mal, que siempre los he tenido (como lo son) por cosa indiferente, y aunque pudiera decir cuántos los han usado santos y doctos, no quiero entrometerme a su defensa, que no son mi padre ni mi madre: sólo digo que no los haría por dar gusto a V. R. sin buscar, ni averiguar la razón de su aborrecimiento, que es muy propio del amor obedecer a ciegas; además que con esto también me conformaba con la natural repugnancia que siempre he tenido a hacerlos, como consta a cuantas personas me conocen; pero esto no fue posible observarlo con tanto rigor que no tuviese algunas excepciones, tales como dos villancicos a la Sma. Virgen que después de repetidas instancias y pausa de ocho años, hice con venia y licencia de V. R. la cual tuve entonces por más necesaria que la del Sr. Arzobispo Virrey mi Prelado y en ellos procedí con tal modestia, que no consentí en los primeros poner mi nombre, y en los segundos se puso sin consentimiento ni noticia mía, y unos y otros corrigió antes V. R.

A esto se siguió el Arco de la Iglesia. Esta es la irremisible culpa mía a la cual precedió habérmela pedido tres o cuatro veces y tantas despedídome yo hasta que vinieron los dos señores jueces hacedores que antes de llamarme a mí, llamaron a la Madre Priora y después a mí y mandaron en nombre del Excmo. Señor Arzobispo lo hiciese porque así lo había votado el Cabildo pleno y aprobado Su Excelencia.

Ahora quisiera yo que V. R. con su clarísimo juicio se pusiera en mi lugar y consultara ¿qué respondiera en este lance? ¿Respondería que no podía? Era mentira. ¿Que no quería? Era inobediencia. ¿Que no sabía? Ellos no pedían más que hasta donde supiese. ¿Que estaba mal votado? Era sobredescarado atrevimiento, villano y grosero desagradecimiento a quien me honraba con el concepto de pensar que sabía hacer una mujer ignorante, lo que tan lucidos ingenios solicitaban: luego no pudo hacer otra cosa que obedecer.

Éstas son las obras públicas que tan escandalizado tienen al mundo, y tan edificados a los buenos y así vamos a los no públicos: apenas se hallará tal o cual coplilla hecha a los años, al obsequio de tal o tal persona de mi estimación, y a quienes he debido socorro en mis necesidades (que no han sido pocas, por ser tan pobre y no tener renta alguna). Una loa a los años del Rey Nuestro Señor hecha por mandato del mismo Excmo. Señor Don Fray Payo, otra por orden de la Excma. Sra. condesa de Paredes.

Pues ahora Padre mío y mi señor, le suplico a V. R. deponga por un rato el cariño del propio dictamen (que aun a los muy santos arrastra) y dígame V. R. (ya que en su opinión es pecado hacer versos) ¿en cuál de estas ocasiones ha sido tan grave el delito de hacerlos? Pues cuando fuera culpa (que yo no sé por qué razón se le pueda llamar así) la disculparan las mismas circunstancias y ocasiones que para ello he tenido tan contra mi voluntad, y esto bien claro se prueba, pues en la facilidad que todos saben que tengo, si a esa se juntara motivo de vanidad (quizá lo es de mortificación) ¿qué más castigo me quiere V. R. que el que entre los mismos aplausos que tanto se duelen, tengo? ¿De qué envidia no soy blanco? ¿De qué mala intención no soy objeto? ¿Qué acción hago sin temor? ¿Qué palabra digo sin recelo?

Las mujeres sienten que las excedan los hombres, que parezca que los igualo; unos no quisieran que supiera tanto, otros dicen que había de saber más, para tanto aplauso; las viejas no quisieran que otras supieran más, las mozas que otras parezcan bien, y unos y otros que viese conforme a las reglas de su dictamen, y de todos puntos resulta un tan extraño género de martirio cual no sé yo que otra persona haya experimentado.

¿Qué más podré decir ni ponderar?, que hasta el hacer esta forma de letra algo razonable me costó una prolija y pesada persecución no por más de por que dicen que parecía letra de hombre, y que no era decente, con que me obligaron a malearla a drede y de esto toda esta comunidad es testigo; en fin ésta no será materia para una carta sino para muchos volúmenes muy copiosos. Pues ¿qué dichos son estos tan culpables?, ¿los aplausos y celebraciones vulgares los solicité? y los particulares favores y honras de los Excelentísimos Señores marqueses que por sola su dignación y sin igual humanidad me hacen ¿los procuré yo?

Tan a la contra sucedió que la Madre Juana de San Antonio Priora de este Convento y persona que por ningún caso podrá mentir es testigo de que la primera vez que sus Excelencias honraron esta casa, le pedí licencia para retirarme a la celda y no verlos, ni ser vista (como si Sus Excelencias me hubiesen hecho algún daño) sin más motivo que huir el aplauso que así se convierte en tan pungentes espinas de persecución, y lo hubiera conseguido a no mandarme la Madre Priora lo contrario.

¿Pues qué culpa mía fue el que Sus Excelencias se agradasen de mí? Aunque no había por qué ¿podré yo negarme a tan soberanas personas?, ¿podré sentir el que me honren con sus visitas?

V. R. sabe muy bien que no; como lo experimentó en tiempo de los Excmos. Sres. marqueses de Mancera, pues oí yo a V. R. en muchas ocasiones quejarse de las ocupaciones a que le hacía faltar la asistencia de Sus Excelencias sin poderlas no obstante dejar, y si el Excmo. Sr. marqués de Mancera entraba cuantas veces quería en unos conventos tan santos como Capuchinas y Teresas; y sin que nadie lo tuviese por malo, ¿como podré yo resistir que el Excmo. Sr. marqués de la Laguna entre en éste? De más que yo no soy prelada ni corre por mi cuenta su gobierno.

Sus Excelencias me honran porque son servidos no porque yo lo merezca, ni tampoco porque al principio lo solicité.

Yo no puedo, ni quisiera aunque pudiera, ser tan bárbaramente ingrata a los favores y cariños (tan no merecidos ni servidos) de Sus Excelencias.

Mis estudios no han sido en daño ni perjuicio de nadie, mayormente habiendo sido tan sumamente privados que no me he valido ni aun de la dirección de un maestro, sino que a secas me lo he habido conmigo y mi trabajo, que no ignoro que el cursar públicamente las escuelas no fuera decente a la honestidad de una mujer, por la ocasionada familiaridad con los hombres y que esta sería la razón de publicar los estudios públicos; y el no disputarles lugar señalado para ellos, será porque como no las ha menester la república para el gobierno de los magistrados (de que por la misma razón de honestidad están excluidas) no cuida de lo que no les ha de servir; pero los privados y particulares estudios ¿quién los ha prohibido a las mujeres? ¿No tienen alma racional como los hombres? ¿Pues por qué no gozará el privilegio de la ilustración de las letras con ellas? ¿No es capaz de tanta gracia y gloria de Dios como la suya? ¿Pues por qué una será capaz de tantas noticias y ciencias que es menos? ¿Qué revelación divina, qué determinación de la Iglesia, qué dictamen de la razón hizo para nosotras tan severa ley?

¿Las letras estorban, sino que antes ayudan a la salvación? ¿No se salvó San Agustín, San Ambrosio y todos los demás Santos Doctores? Y V. R. cargado de tantas letras, ¿no piensa salvarse?

Y si me responde que en los hombres milita otra razón, digo: ¿No estudió Santa Catalina, Santa Gertrudis, mi Madre Santa Paula sin estorbarle a su alta contemplación, ni a la fatiga de sus fundaciones el saber hasta griego? ¿El aprender hebreo? ¿Enseñada de mi Padre San Jerónimo, el resolver y el entender las Santas Escrituras, como el mismo santo lo dice? Ponderando también en una epístola suya en todo género de estudios doctísima a Blegilla, hija de la misma santa, y en tan tiernos años que murió de veinte?

Pues ¿por qué en mí es malo lo que en todas fue bueno? ¿Sólo a mí me estorban los libros para salvarme?

Si he leído los profetas y oradores profanos (descuido en que incurrió el mismo Santo) también leo los Doctores Sagrados y Santas Escrituras, de más que a los primeros no puedo negar que les debo innumerables bienes y reglas de bien vivir.

Porque ¿qué cristiano no se corre de ser iracundo a vista de la paciencia de un Sócrates gentil? ¿Quién podrá ser ambicioso a vista de la modestia de Diógenes cínico? ¿Quién no alaba a Dios en la inteligencia de Aristóteles? Y en fin ¿qué católico no se confunde si contempla la suma de virtudes morales en todos los filósofos gentiles?

¿Por qué ha de ser malo que el rato que yo había de estar en una reja hablando disparates o en una celda murmurando cuanto pasa fuera y dentro de casa, o pelear con otra, o riñendo a la triste sirviente, o vagando por todo el mundo con el pensamiento, lo gastara en estudiar?

Y más cuando Dios me inclinó a eso y no me pareció que era contra su ley santísima, ni contra la obligación de mi estado, yo tengo este genio, si es malo, yo me hice, nací con él y con él he de morir.

V. R. quiere que por fuerza me salve ignorando, pues amado Padre mío, ¿no puede esto hacerse sabiendo? Que al fin es camino para mí más suave. Pues, ¿por qué para salvarse ha de ir por el camino de la ignorancia si es repugnante a su natural?

¿No es Dios como suma bondad, suma sabiduría? Pues, ¿por qué le ha de ser más acepta la ignorancia que la ciencia?

Sálvese San Antonio con su ignorancia santa, norabuena, que San Agustín va por otro camino, y ninguno va errado.

Pues ¿por qué es esta pesadumbre de V. R. y el

decir "que a saber que yo había de hacer versos no me hubiera entrado religiosa, sino casádome?"

Pues, Padre amantísimo (a quien forzada y con vergüenza insto lo que no quisiera tomar en boca), ¿cuál era el dominio directo que tenía V. R. para disponer de mi persona y del albedrío (sacando el que mi amor le daba y le dará siempre) que Dios me dio?

Pues cuando ello sucedió había muy poco que yo tenía la dicha de conocer a V. R. y aunque le debí sumos deseos y solicitudes de mi estado, que estimaré siempre como debo, lo tocante a la dote, mucho antes de conocer yo a V. R. lo tenía aprestado mi padrino el Capitán D. Pedro Velázquez de la Cadena y agenciándomelo estas mismas prendas, en las cuales, y no en otra cosa, me libró Dios el remedio; luego no hay sobre qué caiga tal proposición; aunque no niego deberle a V. R. otros cariños y agasajos muchos que reconoceré eternamente, tal como el de pagarme maestro, y otros; pero no es razón que éstos no se continúen, sino que se hayan convertido en vituperios, y en que no haya conversación en que no salgan mis culpas y sea el tema espiritual el celo de V. R. mi conversación.

¿Soy por ventura hereje? Y si lo fuera ¿había de ser santa a pura fuerza? Ojalá y la santidad fuera cosa que se pudiera mandar, que con eso la tuviera yo segura; pero yo juzgo que se persuade, no se manda, y si se manda, Prelados he tenido que lo hicieran; pero los preceptos y fuerzas exteriores si son moderados y prudentes hacen recatados y modestos, si son demasiados, hacen desesperados; pero santos, sólo la gracia y auxilios de Dios saben hacerlos.

¿En qué se funda pues este enojo? ¿En qué este desacreditarme? ¿En qué este ponerme en concepto de escandalosa con todos? ¿Canso yo a V. R. con algo? ¿Héle pedido alguna cosa para el socorro de mis necesidades? ¿O le he molestado con otra espiritual ni temporal?

¿Tócale a V. R. mi corrección por alguna razón de obligación, de parentesco, crianza, prelacía, o tal qué cosa?

Si es mera caridad, parezca mera caridad, y proceda como tal, suavemente, que el exasperarme no es buen modo de reducirme, ni yo tengo tan servil naturaleza que haga por amenazas lo que no me persuade la razón, ni por respetos humanos lo que no haga por Dios, que el privarme yo de todo aquello que me puede dar gusto, aunque sea muy lícito, es bueno que yo lo haga por mortificarme, cuando yo quiera hacer penitencia; pero no para que V. R. lo quiera conseguir a fuerza de represiones, y éstas no a mí en secreto como ordena la paternal corrección (ya que V. R. ha dado en ser mi padre, cosa en que me tengo ser muy dichosa) sino públicamente con todos, donde cada uno siente como entiende y habla como siente.

Pues esto, Padre mío, ¿no es preciso yo lo sienta de una persona que con tanta veneración amo y con tanto amor reverencio y estimo?

Si estas represiones cayeran sobre alguna comunicación escandalosa mía, soy tan dócil que (no obstante que ni en lo espiritual, ni temporal he corrido nunca por cuenta de V. R.), me apartara de ella y procurara enmendarme y satisfacerle, aunque fuera contra mi gusto.

Pero, si no es sino por la contradicción de un dictamen que en sustancia tanto monta hacer versos como no hacerlos, y que éstos los aborrezco de forma que no habrá para mí penitencia como tenerme siempre haciéndolos, ¿por qué es tanta pesadumbre?

Porque si por contradicción de dictamen hubiera yo de hablar apasionadamente contra V. R. como lo hace V. R. contra mí, infinitas ocasiones suyas me repugnan sumamente (porque al fin el sentir en las materias indiferentes es aquel *alius sic, et alius sic*) pero no por eso las condeno, sino que antes las venero como suyas y las defiendo como mías; y aun quizá las mismas que son contra mí llamándolas buen celo, sumo cariño, y otros títulos que sabe inventar mi amor y reverencia cuando hablo con los otros.

Pero a V. R. no puedo dejar de decirle que rebosan ya en el pecho las quejas que en espacio de los años pudiera haber dado y que pues tomo la pluma para darlas redarguyendo a quien tanto venero, es porque ya no puedo más, que como no soy tan mortificada como otras hijas en quien se empleara mejor su doctrina, lo siento demasiado.

Y así le suplico a V. R. que si no gusta ni es ya servido favorecerme (que eso es voluntario) no se acuerde de mí, que aunque sentiré tanta pérdida mucho, nunca podré quejarme, que Dios que me crío y redimió, y que usa conmigo tantas misericordias, proveerá con remedio para mi alma que espera en su bondad no se perderá, aunque le falte la dirección de V. R., que del cielo hace muchas llaves y no se estrechó a un solo dictamen, sino que hay en él infinidad de mansiones para diversos genios, y en el mundo hay muchos teólogos, y cuando faltaran, en querer más que en saber consiste el salvarse y esto más estará en mí que en el confesor.

¿Qué precisión hay en que esta salvación mía sea por medio de V. R.? ¿No podrá ser otro? ¿Restringióse y limitóse la misericordia de Dios a un hombre, aunque sea tan discreto, tan docto y tan santo como V. R.?

No por cierto, ni hasta ahora he tenido yo luz particular ni inspiración del Señor que así me lo ordene; conque podré gobernarme con las reglas generales de la Santa Madre Iglesia, mientras el Señor no me da luz de que haga otra cosa, y elegir libremente Padre espiritual el que yo quisiere: que si como Nuestro Señor inclinó a V. R. con tánto amor, y fuerza mi voluntad, conformara también mi dictamen, no fuera otro que V. R. a quien suplico no tenga esta ingenuidad a atrevimiento, ni a menos respeto, sino a sencillez de mi corazón con que no sé decir las cosas sino como las siento, y antes he procurado hablar de manera que no pueda dejar a V. R. rastro de sentimiento o quejas: y no obstante, si en este manifiesto de mis culpas hubiere alguna palabra que haya escrito mala inadvertencia que la voluntad no sólo digo de ofensa, pero de menos decoro a la persona de V. R., desde luego la retracto, y doy por mal dicha y peor escrita, y borrara desde luego, si advirtiera cuál era.

Vuelvo a repetir que mi intención es sólo suplicar a V. R. que si no gusta de favorecerme, no se acuerde de mí, si no fuere para encomendarme al Señor, que bien creo de su mucha caridad lo hará con todas veras.

Yo pido a S. M. me guarde a V. R. como deseo.
De este convento de mi Padre San Jerónimo de México.
Vuestra

JUANA INÉS DE LA CRUZ

Notas

Gabriela Mogillansky

Poesía lírica

¹ Este poema dedicatoria, de la Poetisa a la condesa de Paredes, aparece como Prólogo en *Inundación Castálida*.

² "hijo": Sor Juana se considera la "esclava" de la condesa, por lo tanto su "hijo" (su obra) también le pertenece.

³ "borrones": De la misma manera cataloga Juana su "Carta Atenagórica" en la "Respuesta a Sor Filotea".

Procura desmentir los elogios que a un retrato de la poetisa inscribió la verdad, que llama pasión

⁴ Con respecto a este soneto, véase el análisis del Estudio Preliminar.

Resuelve la cuestión de cuál sea pesar más molesto en encontradas correspondencias, amar o aborrecer

⁵ Este soneto, junto con los que le siguen, forman un tríptico en el cual Juana razona sobre un planteo amoroso tópico en la época: el padecimiento de ser activo y pasivo en el amor. En cada uno de ellos varía la respuesta, pero es en el segundo en el que da la respuesta más original.

Prosigue el mismo asunto, y determina que prevalezca la razón contra el gusto

⁶ El tema de los trípticos le permite gran cantidad de juegos formales a partir de la antítesis.

Continúa el asunto y aun le expresa con más viva gracia

⁷ Reconvengo: ofendo.

Quéjase de la suerte: insinúa su aversión a los vicios y justifica su divertimento a las Musas

⁸ En este soneto y el siguiente, el sujeto poético plantea el tormento que le da su inclinación a las letras.

⁹ "consumir": en el verso 13, lo usa con el sentido de "extinguir"; en el 14, de "dedicar".

Muestra sentir que la baldonen por los aplausos de su habilidad
¹⁰ Mi delito: Se refiere a la habilidad para hacer versos.
Escoge antes el morir que ver los ultrajes de la vejez
¹¹ En este soneto, Juana trabaja con el tópico clásico horaciano del "Carpe Diem" (Goza el día).
Sólo con aguda ingeniosidad esfuerza el dictamen de que sea la ausencia mayor mal que los celos
¹² Aquél: el ausente. Éste: el celoso.
¹³ "pena de daño": Es aquella que en la Doctrina cristiana, se traduce en la privación de la visión de Dios.
Celebra el cumplir años la señora virreina con un retablito de marfil, que envía a su excelencia
¹⁴ En este romance, como en otras composiciones, Juana alude al intercambio de regalos entre ella y María Luisa Manrique de Lara, condesa de Paredes, llamada en los poemas "Lisi".
¹⁵ "deje... hijos": Si el afecto de quien escribe es hijo de tan "altos padres" (los méritos de la marquesa) no puede ser torpe, balbuciente y ciego como un niño (El Dios Amor).
¹⁶ Clicie: ninfa oceánica enamorada de Apolo. Abandonada por éste, se convirtió en el mirasol, flor que siempre mira al sol (Apolo).
¹⁷ "natalicio": Se refiere al regalo enviado: un retablillo, o nacimiento de Jesús.
¹⁸ "Y guárdate... quiso": Dios.
Discurre con ingenuidad ingeniosa sobre la pasión de los celos [...]
¹⁹ José Pérez de Montoro (1627-94). Sus obras se publicaron en 1736. El romance alude a un poema del mismo en el que argumenta que el amor perfecto es libre de celos.
²⁰ "fineza": Acción o dicho con el que se da a entender el amor.
²¹ " la tema": la porfía, la idea fija.
²² "que como... verdaderos": Se refiere al refrán: "Los locos y los niños siempre dicen la verdad".
²³ "A Dido fingió el Troyano": Se refiere a Dido y Eneas. Eneas engañó a Dido, ofreciéndole un amor que no podía otorgarle.
²⁴ "mintió a Ariadna, Teseo": Teseo, rey de Atenas, abandonó a Ariadna, hija de Minos, rey de Creta, en una isla desierta, a pesar de que ella lo había ayudado a vencer al temible Minotauro.

²⁵ "ofendió a Minos, Pasife": Pasife o Pasifae era la esposa de Minos. Éste, para demostrar que contaba con la ayuda de los dioses para apoderarse del trono de Creta, pidió a Neptuno que hiciera salir un toro de las aguas. Cuando el toro apareció, Minos prometió sacrificarlo a los dioses pero, encantado con el animal, sacrificó otro en su lugar. En venganza, Neptuno hizo que Pasifae se enamorara del toro y de esa unión nació el Minotauro, a quien Minos encerró en el laberinto de Creta.

²⁶ "y engañaba a Marte, Venus": Venus, diosa del Amor, engañaba a su marido, el cíclope Vulcano con Marte, dios de la guerra. Y a su vez, engañó a su amante al enamorarse de Adonis.

²⁷ "Semíramis a Nino": Semíramis, la reina de Nínive, sucedió en trono a su esposo Nino, a quien se dijo habría matado.

²⁸ "Elena deshonró al griego": Elena deshonró a su esposo Menelao (el griego) enamorándose de Paris, por quien se hizo raptar, provocando la guerra de Troya.

²⁹ "Jasón agravió a Medea": Jasón, el jefe de los Argonautas, se casó con Medea, hija del rey de la Cólquida. Más tarde le fue infiel y ella, en venganza, mató a los hijos de ambos.

³⁰ "y dejó a Olimpia, Vireno": Pareja de amantes trágicos, tomados del *Orlando Furioso* de Ariosto. Olimpia, hija del Duque de Holanda, secretamente comprometida con Vireno, Duque de Luxemburgo, le dio las más fervientes muestras de amor, pero él se casó con otra y la abandonó en una isla desierta.

³¹ "Bersabé engañaba a Urías": Pareja bíblica. Bethsabé era la esposa de Urías pero se enamoró del rey David. Más tarde, cuando Urías murió en una misión a la que David lo había enviado, Bethsabé se casó con el rey. Fue la madre de Salomón.

³² "Dalida al caudillo hebreo", pareja bíblica. Dalila, cortesana de los filisteos, averiguó cuál era el secreto de la fuerza de Sansón, caudillo de los hebreos. Lo enamoró y cortó su pelo, secreto de su fuerza. De esa manera, los filisteos pudieron apresarlo.

³³ "Jael a Sísara horrible": Pareja bíblica.

³⁴ "Judit a Holofernes fiero": Pareja bíblica. Judith era una virtuosa mujer de la ciudad de Betulia, quien sedujo a Holofernes con el fin de cortarle la cabeza y liberar a su pueblo del sitio impuesto por aquél.

³⁵ "mas... anexo": Sor Juana, siguiendo la lógica aristotélica, diferencia lo esencial del amor de lo accidental.

³⁶ "tal": Todo lo dicho en los tres versos anteriores.

37 "alacrán": El alacrán es una pieza en el freno de jineta de los caballos.

38 "prueba... que merece la beca": demostración o examen que alcanza el premio (como la oposición de los colegios para ganar una beca).

39 Virgilio: llamado el "Príncipe de los Poetas", nació en Mantua alrededor de 70 a.C. Sus obras son las *Bucólicas,* las *Geórgicas* y *La Eneida.*

40 Homero el conocido autor de la *Ilíada* y la *Odisea.*

41 "Cuando de amor... entendimiento": En el sentido de la lógica aristotélica, prescindir de un efecto (los celos) que en realidad, están indisolublemente unidos a su causa (el Amor).

42 "Acudistes" y "hallastes": formas arcaicas que conviven con "ayudaste", forma moderna.

43 "Rumbo... despecho": Referencia a Ícaro y Faetón, dos mitos muy trabajados por Juana, con distintas significaciones.

44 "Atlante": Uno de los Titanes, convertido en una montaña tan alta que sostenía los cielos y la tierra.

Expresa más afectuosa que con sutil cuidado, el sentimiento que padece una mujer por su esposo muerto

45 El tono elegíaco de la lira al amante muerto, recuerda el planto de Nemoroso de la Égloga I de Garcilaso.

Acusa la hidropesía de mucha ciencia, que teme inútil aun para saber, y nociva para vivir

46 Hidropesía: metafóricamente, acumulación.

47 "triste Pensamiento": Juana se dirige a su propio pensamiento con el cual disertar. Como en otros poemas utiliza el discurso de la lógica para afirmar lo contrario, en este caso la inutilidad de los discursos.

48 "Todo el mundo... blanco": tópico propio del barroco, el de la relatividad de las opiniones.

49 "los dos filósofos griegos": Se refiere a Heráclito de Efeso y Demócrito de Abdera, para quienes todo en la vida era, respectivamente, motivo de llanto o risa.

50 "Para todo... tanto": Juana discute fundamentalmente el método de la escolástica, con el que se educaba a los letrados, el cual los forma para probar y refutar razones. A estos "discursos vanos" se refiere el poema.

51 "¡Qué feliz es... sagrado": referencia al refrán "La ignorancia es sabia".

52 "No siempre suben... llanto": referencia a Ícaro y Faetón.

Pinta en jocoso numen, igual con el tan célebre Jacinto de Polo una belleza

53 Ovillejos: Se llama ovillejos a una composición de versos endecasílabos y heptasílabos que riman consonantes en pareados. A diferencia de la silva, no tiene libertad de consonancia.

54 Jacinto Polo: (1603-1676). Poeta del Barroco español, nacido en Murcia. En 1664 se publica *Obra en prosa y verso*.

55 Lisarda: La Lisarda de este poema no es la marquesa de la Laguna, ya que se refiere a una joven de veinte años.

56 "cozca": de cozquear, cojear, dar coces.

57 "rosada... endibia": por el agua de rosas; endibia: planta muy semejante a la lechuga, cuya especie silvestre es muy amarga.

58 "Oh dulces... quería": versos que repiten casi exactamente el comienzo del soneto X de Garcilaso.

59 "coral... labios": como "coral" era un símil nuevo para boca, estaba con "la grana aún en los labios", recién nacido, "con la leche aún en los labios".

60 "conchuda": familiarmente, persona recatada, cautelosa.

61 "y así andan... remendada": se refiere a una forma de hacer poemas en los Certámenes de la época, llamada centones: los poetas componían uniendo o entrelazando versos ajenos. El sentido de "extremada" es que quieren vender por "pura" una belleza "rota y remendada" (ya usada y vuelta a "arreglar").

62 "alcanzadas": adeudadas, empeñadas.

63 "téngasela... consonante": alusión a refranes "Cada quien su alma en su palma"; "Que su sudor le cueste"; "Ahí me las den todas"; "Yo no estaré en esas bodas"; "Fuerza del consonante, a lo que obliga".

64 constante: de constar, con valor de prueba.

65 "y qué... eres": en contraposición con fácil, liviana.

66 "de barato": de propina.

67 "pregmática": ley para evitar abusos o excesos. Son un tipo de leyes muy parodiadas en los textos burlescos de la época (cfr., Quevedo, Caviedes).

68 referenció al refrán: "la ocasión la pintan calva".

69 "El de Absalón...": el cabello de Absalón (personaje bíblico) del cual se quedó suspendido, le vendría bien para su descripción; "hondura" alude al bosque donde él murió, meterse con el personaje es, por tanto, meterse en honduras (problemas).

⁷⁰ "En fin... ojos": la explicación que sugiere M.P. es que son los arcos no de Cupido ni del arco iris sino de un acueducto por donde bajan las lágrimas.

⁷¹ "Talía": musa de la poesía.

⁷² "Mas... hogaño": referencia al refrán "Ya en los nidos de antaño, no hay pájaros hogaño".

⁷³ "salirse de madrina": salirse de madre; Sor Juana es la madrina" (madre, monja) de las niñas de los ojos de Lisarda, que escapan al "pupilaje" por su beldad "peregrina".

⁷⁴ "nada les cuadra": nada les conviene, por lo que es imposible buscar la "cuadratura" del círculo.

⁷⁵ "tortizosa": aparentemente por "torticera", no ajustada a las leyes.

⁷⁶ "aprended de mí a las flores": de la copla "Aprended, flores, de mí/ lo que va de ayer a hoy/ que ayer maravilla fui/ y hoy sombra mía aún no soy".

⁷⁷ "afeitar": maquillar.

⁷⁸ "Hacer cocos": llamar la atención.

⁷⁹ "ni una sed": ni una pizca.

⁸⁰ "cecina": carne salada y seca. Quiere significar que la boca es "salada" y "colorada".

⁸¹ "se me vienen las manos...": estoy ante el problema de tener que tratar de las manos.

⁸² "a la pintura, es llano... mano": juego de palabras entre "la primer mano de pintura" y la más importante, es decir la derecha.

⁸³ "Su dueño": es Lisarda. Se usaba en masculino para los dos sexos.

⁸⁴ "no tiene... belleza": juego de palabras entre no tiene menor belleza que la otra "mano" en nada y los "dedos" de la mano.

⁸⁵ "hamponas... mancarronas": del hampa o huecas, pomposas (hamponas) y torpes, inútiles (mancarronas).

⁸⁶ "El pie... pesado": juego de palabras entre el pequeño pie de Lisarda y el "pie" de verso.

⁸⁷ "cielo... quebranto": es una metáfora petrarquista por frente, ya lexicalizada, que es lo que Juana ha estado evitando y ahora "quebranta" la ley de su poema.

Arguye de inconsecuentes el gusto y la censura de los hombres, que en las mujeres acusan lo que causan

⁸⁸ Estas redondillas, tal vez la composición más popular de Sor Juana, responden a la larga tradición de sátiras contra la mujer, que circulaban en la época (Véase Estudio Preliminar, p. 28).

⁸⁹ "coco": el cuco, el espectro con que se asusta a los niños.

⁹⁰ "Taïs": cortesana de Bizancio, amante de Alejandro y Ptolomeo el Primero.

⁹¹ Lucrecia: es el prototipo de la virtud en la Roma imperial. Se suicidó luego de ser ultrajada por el hijo de Tarquino.

⁹² "diablo, carne y mundo": los enemigos del alma, según la tradición cristiana.

A la muerte de la marquesa de Mancera (En otras ediciones, lleva por título "A lo mismo" porque está antecedido de otro soneto con el mismo tema).

⁹³ Laura es el apelativo poético de la Virreina Leonor Carreto, marquesa de Mancera.

⁹⁴ "Bello compuesto, en Laura dividido": el cuerpo y el alma, que forman un "compuesto" (Laura, viva), dividido por la muerte.

⁹⁵ "el día final": el día del Juicio final.

⁹⁶ "que bien ... morada": todo el cielo es necesario para que el alma no extrañe su morada anterior (el cuerpo perfecto de Laura).

Encarece de animosidad la elección de estado durable hasta la muerte

⁹⁷ "pero si hubiera... todo lo hiciera": alusión a Faetón, mito que para sor Juana expresa, junto con el de Ícaro, los riesgos de afrontar los cambios y los desafíos.

⁹⁸ En su caso, ese estado "durable hasta la muerte" es el de monja.

Esmera su respetuoso amor; habla con el retrato, y no calla con él, dos veces dueño

⁹⁹ Se refiere a una miniatura en la que ha pintado a la condesa de Paredes.

¹⁰⁰ "desvanecido": envanecido, antigua acepción.

¹⁰¹ "para formar un portento... divino": para realizar el retrato (el "portento" de semejante belleza), el impulso sólo pudo ser divino, aunque el instrumento fue humano (el pintor).

¹⁰² "segundo Pigmaleón": se refiere a la leyenda de Pigmaleón, quien habiéndose enamorado de su propia obra, le dio vida. En el caso del retrato, de no existir el original, Juana –un "segundo Pigmaleón"– le daría vida.

Debió la austeridad de acusarla tal vez el metro; y satisface con el poco tiempo que empleaba en escribir a la señora virreina, las Pascuas

103 "pese a quien pesare": al igual que el título, se refiere a quienes la critican por hacer versos.

104 Ovidio: Poeta romano, autor del *Ars amandi*, de quien se cuenta, su padre lo azotaba para que dejara de hacer versos y él le prometía no hacerlo más, versificando.

105 "y a vos... contenta": juego de palabras entre "punto en boca" (por silencio), el "punto" del pie de la marquesa y el punto final del poema.

No quiere pasar por olvido lo descuidado

106 Este soneto y el que sigue forman un par en el que dos amantes (Celio y Clori) se escriben, utilizando casi las mismas palabras al final de verso.

Pinta la proporción hermosa de la excelentísima condesa de Paredes con otra de cuidados elegantes esdrújulos que aún le remite desde México a su excelencia

107 Este romance decasílabo es una de las más complejas composiciones de sor Juana, quien muestra su habilidad al utilizar solo esdrújulos en el comienzo de cada verso.

108 "cálamos": plumas para escribir.

109 "tu madeja": se refiere al pelo ensortijado.

110 "ofires" y "tíbares": plurales de Ofir y Tíbar, las regiones del oro en el mundo antiguo.

111 "Hécate": la luna, que asoma en la frente de la marquesa.

112 "Círculo... ponzoña": La "luna" (frente) de la marquesa, está dividida por dos arcos (las cejas). La "pérsica lid", es decir, la lid digna de los persas, excelentes flecheros, la entabla la marquesa con flechas (sus miradas) que son como víboras cuya "halagüeña ponzoña" mata de amor.

113 "nariz judiciosa": la nariz es límite de dos luces puras (los ojos) y árbitro entre dos confinantes (las mejillas).

114 "método y fórmula": líneas a seguir.

115 "Lágrimas...": La boca "congela" gotas de rocío: los dientes.

116 "pórfido": la especie de mármol más precioso.

117 "...los jardines de Venus": metáfora gongorina, alusiva a los pechos.

118 "...provocan tántalos...": los deseos insatisfechos ("ayunos") de alcanzar los brazos de María Luisa son como Tántalo, quien no podía alcanzar a comer los manjares en la mesa, estando a su alcance por un castigo de los dioses.
119 "Bósforo": estrecho, canal muy pequeño.
120 "cíngulo": cordón de seda.
121 "Móviles pequeñeces...": se refiere a los pies, que ignoran la dureza del suelo.

Villancico de la ensaladilla
122 Ensaladilla: Villancico llamado así por su variedad y ligereza.
123 "Nolasco": San Pedro Nolasco, a quien está dedicado el villancico, nació en el último cuarto del siglo XII y murió la víspera de Navidad del año 1256. Fue fundador de la "Orden de la Merced de los cautivos", tras una aparición de la Virgen, quien le hizo esa petición.
124 "calabazo": instrumento musical que se hace vaciando una calabaza.
125 "Porto-Rico": tono musical.
126 "conga": mujer del Congo.
127 El hombre contesta al estudiante según lo que entiende de los sonidos en latín, creándose un efecto chico. Traducción de las frases en latín: "Hoy San Nolasco ha sido colocado en los cielos"; "Muerto un Redentor, otro ha nacido"; "La imagen del Salvador fue más perfecta que todas"; "Cállate, amigo, pues yo no hablo en español"; "Ignoro lo que ahora dices ni entiendo lo que quieres decir".
128 "tocotín": baile sagrado de los indios de Yucatán.
129 "amo nic neltoca quimati no Dios": "yo no lo creo, lo sabe mi Dios".
130 "Pilzintli": "Hijo venerado".
131 "tlatlacol": pecado.
132 "teopixqui": sacerdotes, padres.
133 "miechtin": a muchos. "Compró" en el sentido de "ganó su alma", redimió.
134 "Sempual xuchil": Veinte Flor. Nombre de una planta mexicana (cempoaxuchitl). "xuchil": flor.
135 "Yéhuatl": El Venerado.
136 "ipamce": en una.
137 "Mati Dios": sabe Dios.

138 "censontle": cuatrocientos.
139 "cani panadero": yo soy panadero.
140 "Huel ni machlcahuac": yo soy muy severo.
141 "no teco qui mati": el Señor lo sabe.
142 "Se no compañero": un compañero ("Un mi compañero", reproduciendo la forma antigua castellana).
143 "se poñete": un solo golpe.
144 "topil": alguacil.
145 "caipampa": a causa de.
146 "cuahuil": palo.
147 "ipam i sonteco": en la cabeza.
148 "yuhqui": igual que.

Que resuelve con ingenuidad sobre problema entre las instancias de la obligación y el afecto (A partir de este romance, seguimos la edición de Méndez Plancarte ya que estos poemas no fueron publicados en *Inundación Castálida* sino en *Segundo Volumen...* (1692) y *Fama y obras póstumas...* (1701).

149 En este romance, Juana discurre con su "discurso" acerca de la imposibilidad de la lógica para comprender los rumbos de una pasión amorosa. Para ello, utiliza un discurso lógico perfecto.

150 "Supuesto... veneraciones": se refiere al éxito de su *Inundación Castálida*.

151 "razón de estado": Juana hace referencia al poder y a las convenciones sociales.

152 "ministre": Forma arcaica por "administre".

153 "Mongibelo": El volcán Etna, en Sicilia, que oculta su fuego bajo las nieves de su cumbre.

154 "Él es libre... reporte?": estos versos, donde Juana pone en primer término la voluntad de la mujer para elegir libremente, son de una indiscutible originalidad.

155 "incendio": los afectos que acaloran y encienden el ánimo, como el amor, los celos, la ira, etc.

156 "A parte rei": tecnicismo filosófico del latín escolástico ("por parte del objeto") que designa una distinción que no es sólo subjetiva o lógica.

En el que cultamente expresa amor aversión de la que afectaba un enojo

157 En este romance, el interlocutor vuelve a ser Fabio, nombre del enamorado masculino con el que este sujeto poético dialoga en sus poemas. No entramos en las especulaciones

acerca de si se trata o no de un amor autobiográfico, anterior a la entrada al convento.

¹⁵⁸ "si a persuasiones Sirenas... Circe?": Según el relato de Homero, Ulises logró burlar el canto engañoso de las sirenas y el acoso amoroso de Circe. El sujeto poético, en cambio, no tiene la misma fuerza para resistir las persuasiones de Fabio.

¹⁵⁹ "pensión": servidumbre.

¹⁶⁰ Anteros y Cupido. Según la mitología, ambos son hermanos y representan uno el amor puro y el otro, el amor pasional.

¹⁶¹ Láquesis: Una de las *Parcas*, a la que se representaba poniendo el hilo (la vida) en la rueca.

¹⁶² "los Leandros y Las Heros/los Píramos y las Tisbes": Parejas de amantes trágicos famosas. Hero, se suicidó al saber que Leandro se había ahogado; Píramo, creyendo a su amante muerta, se mató con su espada y ella, al encontrarlo muerto, hizo lo mismo.

Al marqués de la Laguna, en el "Triunfo Parthénico"

¹⁶³ "Parthénico": del griego partheno, virgen.

¹⁶⁴ "... cuya Laguna...": juego de palabras con el título de Tomás de la Cerda (Marqués de la Laguna). En su "laguna" las "sacras águilas" del Imperio, renuevan sus plumas.

¹⁶⁵ "águila de las Indias": referencia a las divinidades de los aztecas.

¹⁶⁶ "Deidad Mantüana": se refiere a María Luisa, su esposa, tan bella que el sol empalidece y "envidia de Palas (diosa de la inteligencia) y de Venus (diosa de la belleza y del amor)". "Mantüana" hace alusión a las raíces italianas de la marquesa, sol que brilla "en el cielo de Medina", por estar emparentada con los Medinacelli.

¹⁶⁷ "Museo": poeta griego, discípulo de Orfeo, con quien Juana se compara.

En retorno de una diadema, representa un dulce de nueces que previno a un antojo de la Señora Virreina

¹⁶⁸ En correspondencia por la diadema, envía como presente unos dulces.

¹⁶⁹ Filis: apelativo poético de la condesa de Paredes. En otros poemas, usa *Lisy*.

¹⁷⁰ "por fas o nefas": de un modo u otro.

171 "la mayor obra de naturaleza": se refiere a la creación de una vida, es decir, al embarazo de la virreina.

172 "cuando el Conde... bajeza": evidentemente se trata de uno de los embarazos perdidos por la virreina, ya que no llegó a saberse si era Conde o condesa.

173 "cuando, sin ser maravilla... materia": la madre encinta tiene "dos cuerpos en un lugar, dos formas y una materia" así como "dos almas" (v. 9) sin que esto sea "maravilla".

174 "por unas nueces hiciste": referencia al dicho "Mucho ruido y pocas nueces".

175 "la adivinanza poeta": mi presentimiento de poeta.

176 "La Délfica Doncella": la Sibila del oráculo de Delfos, con la cual se compara.

177 "me dijo": hasta el verso 124, Juana le explica de manera jocosa a la marquesa que Apolo (el Dios Sol) le propone (con la confianza de un hermano) que "trafique influencias" para que María Luisa le preste sus rayos.

178 "Y mira": Apolo, Dios Doctor (de la sabiduría) prefiere las nueces al laurel (en alusión a la historia de la ninfa Dafne, convertida en laurel por Diana cuando Apolo la perseguía).

179 "ingenerable": según la física aristotélica, el cielo era "ingenerable" (incorruptible) pero la marquesa sería un "Cielo generable", capaz de generar vida en su vientre.

180 "pretendiente Febea": intercesora de Apolo (Febo).

181 "Lima": según M. P., algún criado de ese nombre, quien llevaba los recados entre Juana y la marquesa.

182 "Una emplumada diadema": se refiere a una diadema de plumas de quetzal, insignia real entre los aztecas.

183 "quien da y besa, no peca": refrán popular.

A la misma Señora (la condesa de Galvé), en ocasión de cumplir años

184 "sima": abismo (forma arcaica).

185 "sindéresis": capacidad de juzgar rectamente.

186 "encerrada": se refiere a la clausura monástica.

187 "ella sola": el alma llegará sola hasta Elvira, porque es indigno de la deidad ser vista por los ojos humanos.

188 "estantigua": fantasma.

189 "desperdicios de tu fimbria": el ruedo del vestido.

190 "desapercibida": desprevenida.

191 "Hermosa... desabrida": era un lugar común lo desa-

brido de las hermosas, que no necesitaban atraer a nadie con su trato.

Respondiendo a un caballero del Perú, que le envió unos Barros diciéndole que se volviese hombre

192 Un Caballero del Perú: se desconoce quién es el "Caballero" al que Juana responde, llegado a Nueva España y apellidado Naronete (v. 44).

193 "Barros": o búcaros, arcilla perfumada con la que se hacían vasijas. También son "barros" los elementos hechos con este material.

194 "las nueve Hermanas": las nueve Musas.

195 "chiste ni miste": ni chiste ni musite.

196 "el Carro": se refiere al Carro de Apolo (el carro del sol). Apolo es el dios Sol pero también el dios de la poesía y la música.

197 "Pegaso": el caballo alado del Olimpo, nacido de la cabeza cercenada de la Medusa.

198 "Para contra todo el orden...": Las Musas paran los "gorjeos y murmurios" de las fuentes (los "cristales fluxibles").

199 "filis": delicadeza.

200 "entarquinen": embarren, llenen una laguna de barro.

201 "Sálmacis": ninfa. Habitaba una fuente en cuyas aguas, los hombres se volvían andróginos. El sentido que parece darle Juana es "dar alientos varoniles": o cambiar el sexo.

202 "úxor": esposa en latín.

203 "Lima": juego de palabras entre la ciudad de Lima y la "lima" con que el Caballero "afila" sus versos.

204 "Ley de Atenas": el destierro. Arístides fue un general y político ateniense, llamado "el Justo", que sufrió esa pena.

205 En estos versos, Juana hace referencia a un tema que le es caro: la envidia del mundo sobre los que sobresalen. (Véase la *Respuesta a sor Filotea*).

En que expresa los efectos del Amor Divino y propone morir amante, a pesar de todo riesgo

206 "faltándole lo ciego": lo ciego, el amor terrenal, en referencia a Cupido.

207 "término *a quo*": "por donde se empieza". El "término" no es "por donde se empieza" sino que siendo "el Bien" (el amor de Dios), todo el dolor es el "medio" para llegar a él.

208 El tema de las correspondencias del amor divino es el

que desarrolla Juana en la *Carta Atenagórica*, al discutir el sermón de Vieyra sobre "la mayor fineza de Cristo".

Para cantar a la música de un tono y baile regional, que llaman el Cardador
209 carda: pícara.
210 esquilmo: cosecha.
211 "Absalón": véase nota 69.
212 algalia: manteca olorosa.
213 "De los lacticinios... requesón": se refiere a la vieja creencia de que los lácteos afectaban el entendimiento. (Véase la *Respuesta a sor Filotea*). Belilla nunca se cuidó de los lácteos, porque su cuello es blanco como el requesón.
214 Véase nota 3.

En el que da moral censura a una rosa, y en ella a sus semejantes
215 En este soneto, vuelve a tomar el tópico del Carpe diem, como en "Miró Celia una rosa que en el prado", incorporado a esta selección.
216 "cultura": cultivo.
217 "Verde embeleso". En este soneto, Juana trabaja sobre un tópico netamente barroco: el engaño de los sentidos. En este caso, el "anteojo verde" de la Esperanza produce el engaño. Incorpora un elemento moderno: la experiencia (v. 12-14).

En que satisface un recelo con la retórica del llanto
218 "Líquido humor": las lágrimas.

Que expresa sentimientos de ausente
219 "voz ruda": Juana incorpora con originalidad el tópico de cantar "al son de la zampoña ruda", propio de la tradición pastoril.
220 El paisaje responde a la tradición pastoril del "lugar ameno": el arroyo cristalino, el cielo límpido, las flores.
221 "emboza": se cubre. Toma como símil el embozo de las damas, para cubrirse la cara.

Que da encarecida satisfacción a unos celos
222 "trocado el sentido de la ley": Méndez Plancarte sugiere que alude a un principio legal en el que se favorece o amplía el beneficio al reo. Aquí, al revés, se le restringen los favores.

Primero sueño,
que así intituló y compuso
la Madre Juana Inés de la Cruz, imitando a Góngora

¹ "primero": Sobre las razones por las cuales este largo poema fue intitulado "primero sueño" véase el Estudio Preliminar.

² "exentas": libres (de la noche, que no puede alcanzarlas).

³ "atezado ceño": el de las sombras nocturnas.

⁴ "superior convexo": Juana describe el Universo de acuerdo con la concepción ptolomeica de las 11 esferas celestes que rodean la Tierra. La noche todavía no llegaba al cielo que rodeaba a la Luna.

⁵ "tres veces hermosa": se refiere a la triple representación ontológica de la Luna: la Luna, Diana y Proserpina.

⁶ "Nictimene": la lechuza. Según la mitología, la hija de Epopeo, rey de Lesbos, cometió incesto con su padre, y fue convertido en lechuza.

⁷ "árbol de Minerva": el olivo, que da el aceite de las lámparas que la lechuza bebe.

⁸ "Y aquellas... funestas": los murciélagos. Según la mitología, las tres hijas de Minias, consagradas al culto de Baco, descuidaban sus obligaciones, ocupando su tiempo en tejer y contarse historias, por lo que el dios las castigó, destruyendo sus casas, convirtiendo sus tejidos en hiedras y a ellas en murciélagos.

⁹ "el parlero ministro de Plutón": el búho. Ascálafo, espía de Plutón, reveló al dios que Proserpina había comido los granos de la granada del infierno. En castigo, ella lo convirtió en búho, ave considerada de mal agüero (por su relación con lo infernal).

¹⁰ "intercadente": roto por las pausas.

¹¹ "Harpócrates": dios egipcio del silencio, representado con un dedo sobre los labios.

¹² "Alcione": hija de Eolo, metamorfoseada en el martín pescador, de manera que sus amantes atrapados en sus redes de amor (metafóricamente, peces), quedaban vengados.

¹³ "el vulgo bruto": los animales.

¹⁴ "Y el rey... velaba": el león, rey de los animales, del que se pensaba no cerraba los párpados al dormir.

15 "El de... dormido": se refiere a Acteón, quien vio bañándose a Diana y a sus ninfas. En castigo, la diosa lo convirtió en ciervo y fue destrozado por sus propios perros.

16 "de Júpiter el ave generosa": el águila.

17 "Causa... continuado": simboliza con los círculos de la corona que los esfuerzos del buen gobierno deben ser constantes, no deben dormir.

18 "conticinio": hora de la noche en que todo está en silencio.

19 "y cediendo al retrato del contrario de la vida": el sueño es "retrato" (por su similitud del "contrario de la vida" (la muerte).

20 "tres forman corona": el Papa.

21 "Morfeo": dios del sueño.

22 "el del reloj humano... movimiento": el corazón.

23 "espíritus vitales": la facultad, la virtud y el vigor que mantienen vivo al cuerpo.

24 "arcaduz": caño por donde se conduce el agua (metafóricamente, garganta).

25 "y el húmedo interpuso": según la fisiología hipocrática, la vida biológica depende del calor natural del cuerpo, que va consumiendo el húmedo radical (humor que da flexibilidad a las fibras del cuerpo).

26 "fragua de Vulcano": metafóricamente, el estómago.

27 "cuatro humores": el cuerpo humano, según la fisiología, se nutría de cuatro humores: la sangre, la bilis negra, la bilis amarilla y la flema.

28 "la estimativa": la facultad estimativa. Según Méndez Plancarte, el sentido común.

29 "la imaginativa": la facultad imaginativa o potencia de imaginar, representar en el alma algún objeto.

30 "faro": se refiere al faro de Alejandría.

31 "participada de alto ser": el alma, participa de Dios, ya que fue creada a su imagen y semejanza.

32 "estudio vanamente judicioso": se refiere a la Astrología.

33 "Atlante": véase nota 44, correspondiente a la poesía.

34 "Olimpo": el monte donde, según la mitología, vivían los dioses.

35 "Las Pirámides dos...": se refiere a las pirámides de Egipto. Si bien estas son tres, prescinde de una de ellas que es más pequeña.

36 "Ptolomeos": se refiere a la dinastía que reinó en Egipto.
37 "gitanas glorias": glorias egipcias.
38 "primer orbe": la esfera celeste correspondiente a la Luna.
39 "griego ciego": se refiere a Homero.
40 "Ulises": personaje de Homero.
41 "Alcides": Hijo de Júpiter, famoso por su potencia muscular. Se lo representa vestido con su piel de león y su clava (maza).
42 "aquella blasfema altiva torre": la Torre de Babel.
43 "sublunar reina soberana": el alma.
44 "Ícaro": véase nota 52, correspondiente a la poesía.
45 "diuturna": de larga duración.
46 "apolínea ciencia": ciencia de Apolo, la medicina.
47 "triaca": antídoto del veneno.
48 "dos veces cinco son categorías": las diez categorías aristotélicas.
49 "segunda causa productiva": la Naturaleza. (La primera es Dios.)
50 "Thetis": esposa de Océano (Neptuno), asociada a la maternidad.
51 "inculcar": en el sentido latino de pisar.
52 "compuesto triplicado": el hombre, que tiene vida vegetativa, sensitiva y racional.
53 "tres acordes líneas ordenado": el entendimiento, la voluntad y la memoria.
54 "águila evangélica... iguales huellas": San Juan, quien en Patmos tuvo la visión de un ángel con un pie en la tierra y otro en el mar.
55 "la estatua eminente": la estatua con pies de barro que soñó Nabucodonosor.
56 "amorosa unión": la unión del alma con Dios.
57 "de los más manuales efectos naturales": de los más cotidianos.
58 "de la fuente... perdiendo": la fuente risueña alude, además, a Aretusa, quien perseguida por el río Alfeo, pidió ayuda a Diana, quien la convirtió en fuente.
59 "ebúrnea": de marfil.
60 "de dulce herida de la cipria diosa": de la sangre de Venus.
61 "ampo": copo de nieve.
62 "industria femenil": se refiere a la cosmética.

⁶³ "máquina inmensa": el Universo.

⁶⁴ "del claro joven la atención volvía": se refiere a Faetón, hijo de Apolo, quien robó el carro de fuego de su padre (el sol) y se precipitó a los mares. Como hemos señalado en Poesía Lírica sor Juana utiliza la imagen de Faetón para simbolizar a quienes se animan a ir más allá, a pesar de los riesgos.

⁶⁵ "sirtes": arrecifes.

⁶⁶ "en el maravilloso natural vaso": el estómago.

⁶⁷ "beleño": sustancia narcótica.

⁶⁸ "linterna mágica": se refiere al invento óptico, atribuido a Kircher, autor muy leído por sor Juana.

⁶⁹ "pautando al cielo la cerúlea plana": pautar, hacer renglones en el papel. Metafóricamente, los rayos del sol pautan la hoja del cielo.

⁷⁰ "y yo despierta": sobre la importancia de la presencia del sujeto en este último verso, véase Estudio Preliminar.

Respuesta

de la poetisa a la muy ilustre sor Filotea de la Cruz

¹ En cuanto a la identidad de sor Filotea de la Cruz y el conflicto que dio lugar a esta defensa de sor Juana, véase Estudio Preliminar.

² La carta sigue la estructura de los escritos forenses. Aquí comienza el *exordio*. (Véase Perelmuter Pérez, cit. en "Bibliografía".)

³ Quintiliano, Marco Fabio (35-95): retórico latino.

⁴ "Minorem...": "menor gloria producen las esperanzas, mayor los beneficios".

⁵ Saúl: Profeta y Juez de Israel. Se le atribuye el Libro de los Jueces, el Libro de Ruth, y parte del Libro de los Reyes.

⁶ "Nunquid...": "¿acaso no soy hijo de Jémoini, de la más pequeña tribu de Israel, y mi familia no es la última de todas las familias de la tribu de Benjamín? ¿por qué, pues, me has hablado estas palabras?"

⁷ Carta Atenagórica: digna de Atenas, diosa de la Sabiduría. Sobre la misma, véase Estudio Preliminar.

⁸ "el Sagrado Vaso de Elección": El Apóstol San Pablo, de quien Dios (a través de Ananías) dijo "Éste será mi Vaso de Elección (vehículo escogido) para llevar mi nombre ante las naciones".

⁹ "Audivit...": "oyó secretos de Dios, que al hombre no le es lícito hablar".

¹⁰ Vieyra: Obispo portugués a quien Juana discute en la "Carta Atenagórica".

¹¹ "Ostende...": "Muéstrame tu rostro".

¹² Asuero: rey persa, casado con Ester. Defensor de los hebreos.

¹³ "Quare tu...": "¿por que tú hablas de mis mandamientos y tomas mi testamento por tu boca?"

¹⁴ San Jerónimo: (342-420) Fundador de la Orden a la que pertenecía sor Juana. Compiló una versión de la Biblia conocida como Vulgata.

¹⁵ "Ad ultimum...": "al último lea, sin peligro el Cantar de los Cantares; no sea que si lo lee a los principios no entendiendo el epitalamio de las espirituales bodas bajo las palabras carnales, padezca daño."

¹⁶ Séneca: Filósofo estoico romano.

¹⁷ "Teneris...": "en los tiernos años, no es clara la fe".

¹⁸ "iusta...": "justa o injusta, no hay porque temerla".

¹⁹ "ad impossibilia...": "a lo imposible nadie está obligado".

²⁰ "vos me coegistis": "vos me obligasteis".

²¹ "quien sólo lo debió saber": se refiere a su confesor, el Padre Núñez de Miranda.

²² "Prosiguiendo en la narración...": comienza la segunda parte del escrito, la *narración*.

²³ "deprender gramática": aprender latín.

²⁴ "privatio...": "la privación es causa del apetito".

²⁵ Santa Paula: discípula de San Jerónimo, patrona del convento de sor Juana.

²⁶ "ancilas": latinismo por criadas.

²⁷ "hebdómadas": semanas.

²⁸ "...en aquellas peticiones que hizo a Dios, Abraham...": se refiere a las peticiones por Sodoma y Gomorra. Las líneas que siguen hablan de las proporciones musicales (sesquitercia, diatesarón, sesquiáltera, diapente, dupla).

²⁹ "Numquid...": ¿Podrás acaso juntar las brillantes estrellas de las Pléyades o podrás detener el giro del Arturo? ¿Eres tú acaso el que haces comparecer a un tiempo el Lucero o que se levante el Véspero sobre los hijos de la tierra?".

³⁰ "In difficultatibus...": "En los lugares difíciles de la Sagrada Escritura, a la oración juntaba el ayuno. Y solía decir a su compañero Fray Reginaldo que todo lo que sabía, no tanto lo debía al estudio y al trabajo, sino que lo había recibido de Dios".

³¹ "et sic...": "Y así de las demás cosas".

³² "Es la cadena...": se refiere a la imagen de Júpiter con una cadena saliendo de su boca, representando las ciencias.

³³ Atanasio Kirkerio: se refiere a Atanasio Kircher, célebre matemático de su tiempo, que escribió –entre otros– *Ars combinatoria* y *Macgneticum Naturae Regnum,* citado aquí como *De Magnete* ("Del imán")

³⁴ "Quid...": "De cuánto trabajo me tomé, cuánta dificultad sufrí, cuántas veces desesperé, y cuántas otras desistí y empecé de nuevo, por el empeño de aprender, testigo es mi conciencia que lo ha padecido, y la de los que conmigo han vivido".

³⁵ "Aquella ley políticamente bárbara de Atenas...": se refiere al ostracismo.

³⁶ Maquiavelo, Nicolás (1469-1527): Político florentino, autor de *El Príncipe*, donde expone sus ideas sobre la política y el arte de gobierno.

³⁷ Santa Teresa (1515-1582): religiosa y escritora española. Con san Juan de la Cruz reformó la Orden del Carmen. Gran figura de la poesía mística española.

³⁸ "Quid facimus...":"¿Qué hacemos, porque este hombre hace muchos milagros?"

³⁹ "radix...": "la raíz de Jesé, que está puesta como bandera en muchos pueblos"...

⁴⁰ "in signum...": "para seña a la que se hará contradicción".

⁴¹ Gracián, Baltasar (1601-1658): Escritor y preceptista español, autor de *Agudeza y arte de ingenio,* entre otros.

⁴² "Rarus...": "El amigo frecuentemente cederá su oro, sus riquezas, sus campos; pero *será raro que quiera ceder en ingenio"* (Epigrama de Narcial).

⁴³ Plinio (¿?-69): llamado el Viejo, Nació en Verona. Se dis-

tinguió como hombre de armas y letras. Aulio Gelio: historiador romano.

⁴⁴ "Circuivi." : "He rodeado la Tierra y la he recorrido".

⁴⁵ "Circuit": "anda alrededor buscando a quien tragar".

⁴⁶ "nunc princeps...": "ahora será lanzado fuera el príncipe de este mundo".

⁴⁷ "spinas...": "Espinas y abrojos te producirá".

⁴⁸ "Rabbi...": "Maestro, ¿ahora querían apedrearte los judíos, y vas allí otra vez?

⁴⁹ "Nonne...": "¿por ventura no son las doce de la noche?"

⁵⁰ "eamus...": "Vamos también nosotros y muramos con él".

⁵¹ "Multa...": Muchas buenas obras os he mostrado de mi Padre, ¿por cuál de ellas me apedreáis?"

⁵² "De bono...": "No te apedreamos por la buena obra, sino por la blasfemia".

⁵³ "Petrus...": "Pedro le seguía a lo lejos".

⁵⁴ "Nesciens...": "no sabiendo lo que decía".

⁵⁵ "Mulier, non novi illum": "Mujer, no te conozco". "Home, nescio quid dicis": "Hombre, no sé lo que dices".

⁵⁶ "Et hic...": "Y éste con él estaba".

⁵⁷ "a longe...": "a lo lejos".

⁵⁸ "Bien dijo Lupercio Leonardo..." se refiere a uno de los hermanos Argensola, escritores del Siglo de Oro español. Méndez Plancarte señala que los versos citados no pertenecen a Lupercio sino a Bartolomé.

⁵⁹ "Confieso también...": comienza la tercera parte de la carta o *prueba*.

⁶⁰ Juana comienza aquí la mención de mujeres ilustres. Como señalan numerosos estudios, intenta dotarse de una tradición de mujeres doctas de la Antigüedad (no místicas) que la sostenga. Menciona a Débora, la reina de Saba, Abigaíl, Ester, Rahab, Ana, y entre los gentiles, las Sibilas, Minerva, Pola Argentaria, la hija de Tiresias, Cenobia, Arete, Nicostrata, Aspasia Milesia, Hipasia, Leoncia, Jucia, Corina, Cornelia. Luego menciona mujeres estudiosas y santificadas: Santa Catarina (con quien se siente identificada), santa Gertrudis, Santa Paula hasta llegar a mujeres del mundo cortesano: Isabel, reina de España y esposa de Alfonso X, Cristina, Reina de Suecia, la Duquesa de Aveyro.

61 "An liceat...": "¿Es lícito en las mujeres dedicarse al estudio de la Sagrada Escritura y a su interpretación?"

62 "Mulieres...": "Las mujeres callen en la Iglesia, porque no les es dado hablar".

63 "Anus...": "Las ancianas, asimismo, en un porte sano, maestras de lo bueno".

64 "In malevolam..." "En alma maligna, no entrará la sabiduría".

65 "Dico enim...": "Pues por la gracia que me ha sido dada, digo a todos los que están entre vosotros que no sepan más de lo que conviene saber, sino que sepan con templanza, y cada uno como Dios le repartió la medida de su fe".

66 "Corripiet...": "El justo me corregirá y me reprenderá con misericordia; mas el aceite del pecador no ungirá mi cabeza".

67 "Adhuc...": "Acostumbre su lengua aún tierna a la dulzura de los Salmos. Los nombres mismos con que poco a poco vaya a habituarse a formar frases, no sean tomados al azar sino determinados y escogidos de propósito, como los de los profetas y los apóstoles, y que toda la serie de los patriarcas desde Adán se tome de Mateo y de Lucas, para que haciendo otra cosa, enriquezca su memoria para el futuro. La tarea que te entregue diariamente, se tome de los escritores".

68 "Scindite...": "Rasgad vuestros corazones y no vuestros vestidos".

69 "Nobilis...": "Su esposo será conocido en las puertas".

70 "Dare Terram Deo": "Dar la tierra a Dios".

71 Véase nota 39, correspondiente a la poesía.

72 "tu numquam...": "Tú nunca... comiste liebre" (de un epigrama de Marcial).

73 Marcial (43-104): Poeta latino, autor de una colección de epígramas ingeniosos.

74 "Maleam...": "Costear el Malía, es olvidarse de lo que uno tiene en casa". *Malía*: promontorio en Grecia que entra en el mar y donde las olas son tan fuertes que parecen perseguir a los navegantes.

75 "osculetur...": "Béseme él con el beso de su boca; porque mejores son tus pechos que el vino".

76 "Calicem...": "El caliz de salud tomaré".

77 "Mulier...": "La mujer aprenda en silencio".

[78] San Cipriano: Astrólogo ateniense, conocido como "El Mago". A fines del siglo III, se hizo cristiano.

[79] "Gravi...": "Las cosas que escribimos requieren detenida consideración".

[80] "Discimus...": "Aprendemos algunas cosas sólo para saberlas y otras, para hacerlas".

[81] "Noscat...": "Aprenda cada quien, no tanto por los preceptos ajenos, sino tome consejo de su propia naturaleza".

[82] Tito Lucio: Historiador romano.

[83] "Artes...": "A las artes las acompaña el decoro".

[84] "Non...": "no es igual la condición del que publica que la del que sólo dice".

[85] "Hieronymum...": "Me parecía que oía al mismo Jerónimo hablar en castellano".

[86] "Quidquid...": "Cuanto quería decir, me resultaba en verso".

[87] "In morem...": "A la manera de Flaco y de Píndaro, ahora corre en yambo, ahora suena en alcaico, ahora se levanta en sáfico y ahora avanza con medios pies".

[88] San Isidoro (h. 560-636): Arzobispo de Sevilla, autor de las *Etimologías,* verdadera enciclopedia, muy apreciada en la Edad Media.

[89] "Omnis...": "toda locución poética tuvo su origen en las divinas escrituras".

[90] "In ipso...": "Porque en él mismo vivimos y nos movemos y somos".

[91] "bonus...": "los buenos dichos no buscan el secreto".

[92] "latere...": "ocultarse es propio de la conciencia criminal".

[93] "Accusatio...": "la acusación no se sostiene si no se cura de la persona que la hizo".

[94] "Calumniatores...": "a los calumniadores hay que convencerlos y enseñar a los que preguntan".

[95] "Victoria...": "no menor victoria es tolerar a los enemigos, que vencerlos".

[96] "Cavete...": "Cuidado, romanos, os traemos al calvo adúltero.

[97] "Quid autem...": "¿Qué tienes tú que no hayas recibido? Y si lo has recibido ¿por qué te glorias, como si no lo hubieras recibido?"

98 "Amico...": "no hay que creer ni al amigo que alaba ni al enemigo que vitupera".

99 "...como dijo el Poeta...": se refiere a Ovidio.

100 "Ut desint...": "aunque falten las fuerzas, todavía hay que alabar la voluntad. Yo pienso que los dioses se contentan con ella".

101 "Turpe...": "Es vergüenza ser vencido en beneficios".

102 "Si el estilo...": comienza allí el final de la carta o *peroración*.